Eigelb und Puderzucker

Konzept, Text und Styling	Karin Messerli, Zürich
Fotos	H. R. Rohrer, Zürich
Lektorat und Korrektorat	Pia Messerli, Bern, Natascha Fischer, Zürich
Gestaltung	Tania da Silva
Druck	Bodan AG Druckerei und Verlag, Kreuzlingen

ISBN 978-3-85932-624-8

www.werdverlag.ch

Karin Messerli

Eigelb und Puderzucker

Klassische Weihnachtsguetsli

WERDVERLAG

INHALT

★ Basisrezepte, welche in Kombination mit anderen Zutaten weitere Varianten ergeben.

Eigelb und Puderzucker

«The search for food and for flavours is none other than a perennial investigation of what was our childhood.»
Leo Mulin

Meine Sammlung ist gross: Hunderte von Guetslirezepten, verteilt in mehrere Mäppchen und ein vergriffenes Weihnachtsguetslibuch. Ich habe alle Rezepte durchgesehen und am Ende einfach nur die unspektakulärsten ausgewählt: aus meinem Kochbuch und aus alten Büchern, vorwiegend Kochschulbücher der 30er- und 40er-Jahre. Wo Schülerinnen und Hausfrauen ihre Rezepte mit handschriftlichen Notizen ergänzten. Oder wo ein lose eingeschobenes Zettelchen mir ein Rezept von unbekannten Tanten, Grossmüttern oder Nachbarinnen verriet. Wahre Trouvaillen. Bücher mit Spuren von teigbehafteten Händen und dem Duft nach vergangenen Backtagen.

Und ich habe auch etwas gefunden, wonach ich nicht direkt suchte, mich aber sehnte: Guetsli, die mit wenig Zutaten und unkomplizierter Zubereitung einfach gut sind. Sie sind für mich die Basis unzähliger weiterer Rezepte. Für alle die, die entweder Kokosflocken nicht mögen, nicht vorrätig haben oder lieber Rührteige zubereiten als geriebene. Oder im Auswallen nicht so geübt sind, dafür im Rollen und Schneiden.

Die Notizen und Varianten habe ich fast alle aufschreiben müssen. Ein Grand Merci den bekannten und unbekannten Autorinnen. Und vor allem Caroline und Regula, die alle Varianten und Möglichkeiten gebacken haben, um mir die Auswahl zu erleichtern und mich für die Bilder zu entlasten. Aus vollen Dosen konnte ich mich bedienen. So sind teilweise einmalige Aufnahmen entstanden. Erinnerungen und Geschichten vermischten sich. Von mir und dem Fotografen. Kindheit.

BUTTERTEIGE

ZUTATEN nicht direkt aus dem Kühlschrank verarbeiten, sonst kann die Schaummasse gerinnen. Wenn's doch einmal passiert – die Schüssel in ein warmes Wasserbad stellen und die Masse rühren, bis sie wieder glatt wird. Und übrigens: In jeden Butterteig gehört 1 Prise Salz.

KALT STELLEN Teig in flachen Portionen kalt stellen, dann ist er schneller durchgekühlt und kann ohne grossen Kraftaufwand ausgewallt werden.

TIEFKÜHLEN Butterteige können 2 bis 3 Tage im Voraus zubereitet werden. Länger sollten sie nicht im Kühlschrank lagern, denn sie nehmen gerne Fremdgerüche an. Und übrigens: Butterteige als flache Portionen, gut verpackt, tiefkühlen. Haltbarkeit: 3 Monate. 6 bis 8 Stunden vor dem Verarbeiten im Kühlschrank auftauen lassen.

AUSWALLEN Teig portionenweise zwischen Backpapier auswallen (wenn im Rezept nicht anders angegeben). Kein zusätzliches Mehl und keinen Zucker verwenden. Mit Hilfe von Teighölzchen lässt sich der Teig gleichmässig dick auswallen.

AUSSTECHEN Den Teig vor dem Ausstechen der Guetsli mit einem Spachtel vom Backpapier lösen. Ausstechförmchen zuerst in Mehl tauchen, abklopfen – so lässt sich der ausgestochene Teig besser lösen. Und übrigens: Für perfekt ausgestochene Guetsli, vor allem bei hohem Buttergehalt, lohnt es sich, den ausgewallten Teig vor dem Ausstechen und zwischendurch immer wieder kalt zu stellen.

TEIGRESTE nach dem Ausstechen nicht zusammenkneten, sondern wie für Blätterteig aufeinanderlegen und flach drücken. Vor dem erneuten Auswallen kalt stellen.

BACKEN Ausgestochene Guetsli vor dem Backen nochmals kalt stellen, dann bleiben sie schön in Form.

EIWEISS- ODER MAKRÖNLITEIGE

EISCHNEE Eiweiss sorgfältig vom Eigelb trennen – sonst lässt es sich nicht zu Schnee schlagen. Am schnellsten geht's mit den Schneebesen des elektrischen Handrührgeräts oder in einer Küchenmaschine. Den Zucker unter Rühren einrieseln lassen und 5–8 Minuten weiterschlagen, bis der Eischnee glänzt und Spitzen bildet. Und übrigens: Eiweiss von sehr frischen Eiern lässt sich weniger gut steif schlagen als Eiweiss von gelagerten Eiern. Eiweiss lässt sich sehr gut tiefkühlen. 6 bis 8 Stunden vor dem Verarbeiten im Kühlschrank auftauen lassen.

DAS TYPISCHSTE ALLER SCHWEIZER WEIHNACHTSGUETSLI

Mailänderli

40 Stück

TEIG

125 g Butter, weich
125 g Zucker
1 Prise Salz
1 unbehandelte Zitrone, Schale fein abgerieben
1 grosses Ei oder 2 kleine Eier, verquirlt
250 g Mehl

GLASUR

2 Eigelb
1 EL Milch oder Wasser
1 Msp. Zucker

ZUBEREITEN Butter glatt rühren, bis sich Spitzen bilden. Zucker einrieseln lassen und 10 Min. kräftig rühren, bis er aufgelöst ist. Salz, Zitronenschale und Eier dazugeben. Rühren, bis die Masse hellcremig und luftig ist. Mehl dazusieben. Zu einem Teig zusammenfügen. 2 Std. zugedeckt kalt stellen.

FORMEN Teig portionenweise zwischen Backpapier 5–7 mm dick auswallen, kalt stellen. Verschiedene Motive ausstechen. Auf ein mit Backpapier belegtes Blech geben, kalt stellen.

VERZIEREN Eigelb mit Milch oder Wasser und Zucker verrühren. Mailänderli 2–3-mal mit der Glasur bestreichen.

BACKEN 10–15 Min. in der Mitte des auf 190 Grad vorgeheizten Backofens.

Die besten Mailänderli gibt's, wenn man sich die Zeit nimmt, so lange zu rühren, bis die Schaummasse hellcremig, luftig wird. Und man zwischen den Fingern keine Zuckerkristalle mehr spürt – das dauert je nach Feinheit des Zuckers bis zu einer Viertelstunde.

Damit die Luftigkeit erhalten bleibt und die Guetsli beim Backen keine Blasen bekommen, das Mehl in zwei oder drei Portionen dazusieben und mit dem Teigschaber locker daruntermischen. Auf keinen Fall mehr rühren, sondern von Hand rasch zu einem Teig zusammenfügen.

Die Ofentemperatur darf am Anfang nicht zu heiss sein, damit die Mailänderli noch aufgehen können, bevor sie backen.

Mailänderli

TEIG

Buttermenge auf 175 g erhöhen. Statt Zucker Puderzucker oder Rohrzucker verwenden. Zuckermenge nach Belieben auf 115 g reduzieren. 1 Ei durch 2 Eigelb und evtl. 1 EL Milch ersetzen. Zitronenschale weglassen, dafür ½ EL Kirsch und ½ EL Zitronensaft verwenden.

FORMEN Eine Teigrolle von 3 cm Ø formen, zugedeckt kalt stellen. In dünne Scheiben schneiden und auf dem Bretzeli-Eisen backen.

★ Eine Teigrolle von 3 cm Ø formen, zugedeckt kalt stellen. In dünne Scheiben schneiden, zu kleinfingerdicken Röllchen drehen und Bretzeli formen.

VERZIEREN Mailänderli ohne Eigelbglasur backen: 150 g Puderzucker und 3–4 EL Himbeersaft glatt rühren. Die ausgekühlten Guetsli damit bestreichen. Mohnsamen auf die noch feuchte Glasur streuen. Statt Eigelbglasur: Mailänderli mit leicht verquirltem Eiweiss bestreichen, mit Hagelzucker bestreuen, dann backen.

«GAATOODEMYLÄNGLI»

Ob das Mailänderli echt schweizerisch ist, weiss niemand so genau. Tatsache ist, dass die italienischen Einwanderer, die im 16. Jahrhundert in die Schweiz kamen, die aus einem mürben Butterteig zubereitete «Torta di Milano» oder «Torta milanese» mitbrachten. Heute ist das Mailänderli selbstverständlich eingebürgert und hat seinen festen Platz – als das typischste Weihnachtsguetsli der Schweiz.

Übrigens nennen die Berner das Mailänderli liebevoll «Gâteau de Mylängli», was wiederum zweifeln lässt, ob es wirklich die Italiener waren, die das Rezept des feinen Teiges zu uns brachten. Oder ob es nicht doch einer Köchin aus Frankreich zu verdanken ist, dass die «Gaatoodemylängli» bei uns heimisch wurden …

IST WIE MARZIPAN, MIT EINEM HAUCH ZITRONE

Zitronensternchen

50 Stück

TEIG

2 unbehandelte Zitronen
250 g Würfelzucker
300 g geschälte Mandeln, fein gemahlen
50 g kandierte Zedratzitrone, gewürfelt
50 g Puderzucker
2 EL Kirsch oder Zitronenlikör (Limoncello)
2 Eiweiss (45 g), verquirlt

GLASUR

100 g Puderzucker
3–4 EL frisch gepresster Zitronensaft

farbige Nonpareilles zum Verzieren

ZUBEREITEN Zitronenschale mit einem Teil des Würfelzuckers fein abreiben. Zusammen mit restlichem Zucker und Mandeln 2–3-mal durch die Mandelmühle drehen oder im Cutter fein zerkleinern, beim letzten Durchgang Zedratzitrone beifügen. Mit restlichen Zutaten rasch zu einem Teig zusammenfügen. 1 Std. zugedeckt kalt stellen.

FORMEN Teig zwischen Backpapier oder auf Puderzucker 1 cm dick auswallen. Verschieden grosse Sterne ausstechen. Auf ein mit Backpapier belegtes Blech geben, über Nacht bei Raumtemperatur antrocknen lassen.

BACKEN 5–7 Min. im oberen Teil des auf 220 Grad vorgeheizten Backofens.

VERZIEREN Puderzucker und Zitronensaft glatt rühren. Die noch warmen Sterne mit der Glasur bestreichen. Mit Nonpareilles verzieren.

ZEDRATZITRONE

Die Zedratzitrone gilt als die Urmutter aller Zitronen: gross, unförmig, mit einer sehr dicken, sehr aromatischen Schale, die sich ausgezeichnet zum Kandieren eignet. Sie ist in Spezialgeschäften erhältlich. Kann durch Zitronat ersetzt werden.

AUCH ALS SANDELHOLZSTÄNGELCHEN BEKANNT

Zimmetstängelchen

50 Stück

TEIG

250 g ungeschälte Mandeln, fein gemahlen
250 g Zucker oder Feinster Zucker
1–2 EL (12 g) gemahlener Zimt
1–2 EL (15 g) gemahlenes Sandelholz
2–3 Eiweiss (65 g) verquirlt

GLASUR

50 g Puderzucker
1–2 EL Wasser oder Kirsch

ZUBEREITEN Mandeln, Zucker, Zimt und Sandelholz mischen. Eiweiss dazugeben. Rasch zu einem Teig zusammenfügen. 1 Std. zugedeckt kalt stellen.

FORMEN Teig portionenweise zwischen Backpapier 5–7 mm dick auswallen. In 5 × 1 cm grosse Stängelchen schneiden. Über Nacht bei Raumtemperatur trocknen lassen.

BACKEN 15–20 Min. in der Mitte des auf 150 Grad vorgeheizten Backofens – eher trocknen lassen als backen.

VERZIEREN Puderzucker und Wasser oder Kirsch verrühren. Die noch heissen Stängelchen mit der Glasur bestreichen.

SANDELHOLZ

Sandelholz kennen die meisten eher als Färbemittel für Ostereier. Pulverisiert wird es für spezielles Gebäck, wie z. B. Sandele, Sandelholzstängeli und Zürcher Läckerli, verwendet. Es verleiht dem Gebäck eine intensiv warmrote Farbe und einen unverwechselbaren Geschmack. Sandelholz – vom Santalum-Baum, der in Indien, Ceylon und auf den Philippinen wächst – ist Splint, das Material, das sich zwischen Rinde und Holz befindet.

Sandelholz ist in Apotheken und Drogerien erhältlich. Dunkel und trocken aufbewahrt, ist es mehrere Jahre haltbar. Fehlt der typisch-intensive Geschmack, verwendet man es nur noch zum Färben.

Schwabenbrötchen

50 Stück

TEIG
150 g Butter, weich
150 g Zucker
1 Ei
1 Eigelb
1 Prise Salz
1 unbehandelte Zitrone, Schale fein abgerieben
½ TL gemahlener Zimt
1 Msp. gemahlene Gewürznelken
250 g Mehl
150 g gemahlene Haselnüsse

FÜLLUNG
150 g roter Beerengelee

1 Eigelb zum Bestreichen
wenig Puderzucker zum Bestäuben

ZUBEREITEN Butter glatt rühren, bis sich Spitzen bilden. Zucker einrieseln lassen und 10 Min. kräftig rühren, bis er aufgelöst ist. Ei, Eigelb, Salz und Zitronenschale beifügen. Rühren, bis die Masse hellcremig und luftig ist. Mehl und Nüsse mischen, dazugeben. Zu einem Teig zusammenfügen. 1 Std. zugedeckt kalt stellen.

FORMEN Baumnussgrosse Teigkugeln formen. Auf ein mit Backpapier belegtes Blech geben. Mit einem bemehlten Kochlöffelstiel eine Mulde in die Mitte der Kugeln drücken, kurz kalt stellen. Mit Eigelb bestreichen.

BACKEN 12–15 Min. in der Mitte des auf 175 Grad vorgeheizten Backofens. Brötchen auskühlen lassen.

FÜLLEN Gelee glatt rühren, in einen kleinen Spritzbeutel füllen und in die Vertiefungen der Brötchen verteilen. Leicht mit Puderzucker bestäuben.

VARIANTEN ★

TEIG Zimt und Gewürznelken durch 2 TL Vanillinzucker ersetzen.

★ Ein etwas einfacheres Teigrezept: 125 g Butter, 125 g Zucker, 1 grosses Ei, Salz, ½ TL gemahlener Zimt, 75 g gemahlene Haselnüsse und 200 g Mehl verwenden.

Belgrader Brot

50 Stück

TEIG
2 Eier
250 g Zucker
1 Prise Salz
½ EL (15 g) gemahlener Zimt
1 EL Zitronensaft
30 g Zitronat, fein gehackt
125 g geschälte Mandeln, längs in feine Stäbchen geschnitten, oder Mandelsplitter
125 g gemahlene Haselnüsse
200 – 225 g Mehl

GLASUR
100 g Puderzucker
3 – 4 EL frisch gepresster Zitronensaft

ZUBEREITEN Eier und Zucker 10 Min. zu einer hellen, schaumigen Creme aufschlagen. Salz, Zimt, Zitronensaft und Zitronat beifügen. Mandeln, Nüsse und Mehl mischen, nach und nach dazugeben, mischen. Zu einem Teig zusammenfügen. 1 Std. zugedeckt kalt stellen.

FORMEN Teig zwischen Backpapier 1 cm dick auswallen. In 5 × 1,5 cm grosse Stängeli schneiden. Auf ein mit Backpapier belegtes Blech geben, kalt stellen.

BACKEN 15–20 Min. in der Mitte des auf 180 Grad vorgeheizten Backofens.

VERZIEREN Puderzucker und Zitronensaft glatt rühren. Die noch heissen Guetsli mit der Glasur bestreichen.

VARIANTEN ★

TEIG Nach Belieben nur 1 TL gemahlenen Zimt beifügen.

FORMEN Die Schmalseiten der Stängeli schräg schneiden (schmale Rhomben).

CROQUANTS AUX NOISETTES KLINGT ELEGANTER, SCHMECKEN TUN SIE SO ODER SO

Totenbeinli

50 Stück

TEIG

100 g Butter, weich
200 g Zucker
1 Prise Salz
½ EL gemahlener Zimt
½ unbehandelte Zitrone, Schale fein abgerieben
2 Eier, verquirlt
250 g Haselnüsse, geröstet, geschält, grob zerkleinert
250 g Mehl

1–2 Eiweiss, verquirlt, zum Bestreichen

ZUBEREITEN Butter glatt rühren, bis sich Spitzen bilden. Zucker einrieseln lassen und 10 Min. kräftig rühren, bis er aufgelöst ist. Salz, Zimt, Zitronenschale und Eier beifügen. Rühren, bis die Masse hellcremig und luftig ist. Nüsse und Mehl mischen, dazugeben. Zu einem Teig zusammenfügen. 2 Std. zugedeckt kalt stellen.

FORMEN Teig halbieren. Zwischen Backpapier je rechteckig, 8–10 cm breit und 10–15 mm dick auswallen. Einige Stunden oder über Nacht kalt stellen.

BACKEN 8–10 Min. in der Mitte des auf 175 Grad vorgeheizten Backofens vorbacken. Quer in schmale Stängelchen schneiden, nicht trennen. Mit Eiweiss bestreichen. Nochmals backen, bis sie schön hellbraun sind. Die noch heissen Totenbeinli auseinanderschneiden.

Haselnüsse im 200 Grad heissen Ofen rösten, bis die Häutchen platzen und die Nüsse gut riechen. Noch heiss in einem Küchentuch verreiben, bis fast alle Häutchen entfernt sind. Wenn nötig, nochmals einige Minuten im Ofen rösten.

VARIANTEN ★

TEIG Nach Belieben nur die Hälfte der Nüsse hacken, die andere Hälfte ganz dazugeben. Zusätzlich ½–1 TL gemahlenen Zimt und wenig gemahlene Gewürznelken beifügen. Statt Haselnüsse längs halbierte geschälte Mandeln verwenden.

Ochsenäuglein

40–50 Stück

TEIG
250–300 g Mehl
125 g Zucker
1 Prise Salz
1 unbehandelte Zitrone, Schale fein abgerieben
100–125 g kalte Butter, in Würfel geschnitten
2 kleine Eier, verquirlt

FÜLLUNG
5–6 EL dick eingekochte rote Beerenkonfitüre

1 Ei und 1 EL Milch, verrührt, zum Bestreichen

ZUBEREITEN Mehl, Zucker, Salz und Zitronenschale mischen. Butter beifügen, mit einem grossen Messer feinkrümelig durchhacken. Eier dazugeben. Rasch zu einem Teig zusammenfügen. 1 Std. zugedeckt kalt stellen.

FORMEN UND FÜLLEN Teig portionenweise zwischen Backpapier 2–3 mm dick auswallen. Gleich viel Kreise (Bödeli) und Ringe von 4–5 cm Ø ausstechen. Rand der Bödeli mit Eiweiss bestreichen, Ringe darauf setzen. Konfitüre in die Vertiefung füllen. Kalt stellen. Guetsli mit verdünntem Eigelb bestreichen.

BACKEN 10–15 Min. in der Mitte des auf 180 Grad vorgeheizten Backofens.

VARIANTEN ★

TEIG Halb Mehl, halb gemahlene Nüsse, z. B. Haselnüsse oder Mandeln, mischen. Zusätzlich ½ TL gemahlenen Zimt beifügen. Eier durch Eigelb und 1 EL dicken Sauerrahm ersetzen.

FORMEN «Pfaffenhütchen»: Teig auswallen. Kreise von 4–5 cm Ø ausstechen. Rand mit Eiweiss bestreichen. Je ¼ TL Konfitüre in die Mitte der Kreise geben. Zum Dreispitz formen: Den Rand der Teigkreise an drei Stellen fassen, leicht über die Füllung ziehen und zusammendrücken. Kalt stellen. Hütchen mit verdünntem Eigelb bestreichen. Backen nach Rezept.

★ Ohne Konfitürenfüllung: Teig portionenweise 2–3 mm dick auswallen. Motive ausstechen, mit verdünntem Eigelb bestreichen, mit einer Gabel Rillen eindrücken. Backen nach Rezept.

FÜLLEN Statt Konfitüre: 2 Eiweiss steif schlagen. 75 g Zucker einrieseln lassen, weiterschlagen, bis der Eischnee glänzt und feste Spitzen bildet. 125 gemahlene ungeschälte Mandeln locker daruntermischen.

DAZU GEHÖRT EIN HEISSER WEIHNACHTSPUNSCH

Weinringli

50 Stück

TEIG

100 g Butter, weich

150 g Zucker

1 Eigelb

1 Prise Salz

3 EL trockener Weisswein

250 g Mehl

½ TL Backpulver

VERZIERUNG

1 Eiweiss, verquirlt

2 EL Kristallzucker und

1 TL gemahlener Zimt,

vermischt

ZUBEREITEN Butter glatt rühren, bis sich Spitzen bilden. Zucker einrieseln lassen und 10 Min. kräftig rühren, bis er aufgelöst ist. Eigelb, Salz und Wein beifügen. Rühren, bis die Masse hellcremig und luftig ist. Mehl mit Backpulver mischen, dazugeben. Rasch zu einem Teig zusammenfügen. 1 Std. zugedeckt kalt stellen.

FORMEN Teig zwischen Backpapier 3–4 mm dick auswallen. Kreise von 4 cm Ø ausstechen und in der Mitte jeweils ein Loch von 1,5 cm Ø. Auf ein mit Backpapier belegtes Blech geben, kalt stellen.

VERZIEREN Ringli dünn mit Eiweiss bestreichen. Bestrichene Seite in Zimtzucker tauchen.

BACKEN 12–15 Min. in der Mitte des auf 175 Grad vorgeheizten Backofens.

Nur wenn die Ringli kalt und steif sind, kann man sie von Hand in den Zimtzucker tauchen – sonst diesen sorgfältig daraufstreuen.

EIN JUWEL UNTER DEN WEIHNACHTSGUETSLI, FEIN UND ZERBRECHLICH

Goldfischli

25 Stück

TEIG

150 g Butter, weich
150 g Feinster Zucker
2 Eigelb
1 Prise Salz
¼ TL gemahlener Zimt
1 Msp. frisch geriebene Muskatnuss
250 g Mehl
1 TL Backpulver

FÜLLUNG

ungezuckertes Hagebuttenmark oder Hagebuttenkonfitüre (Reformhaus)

VERZIERUNG

100 g dunkle Kuvertüre, zerkleinert

ZUBEREITEN Butter glatt rühren, bis sich Spitzen bilden. Zucker einrieseln lassen und 10 Min. kräftig rühren, bis er aufgelöst ist. Eigelb, Salz und Gewürze beifügen. Rühren, bis die Masse hellcremig und luftig ist. Mehl mit Backpulver mischen, dazugeben. Rasch zu einem Teig zusammenfügen. 1 Std. zugedeckt kalt stellen.

FORMEN Teig zwischen Backpapier 2 mm dick auswallen. Fischli ausstechen. Auf ein mit Backpapier belegtes Blech geben, kalt stellen.

BACKEN 5–7 Min. in der Mitte des auf 200 Grad vorgeheizten Backofens. Guetsli unbedingt auf dem Blech auskühlen lassen.

FÜLLEN Fischli auf der Unterseite mit Hagebuttenmark oder Konfitüre bestreichen, je 2 zusammensetzen.

VERZIEREN Kuvertüre im warmen Wasserbad schmelzen. Kopf und Schwanzflosse der Fischli hineintauchen. Auf Backpapier trocknen lassen.

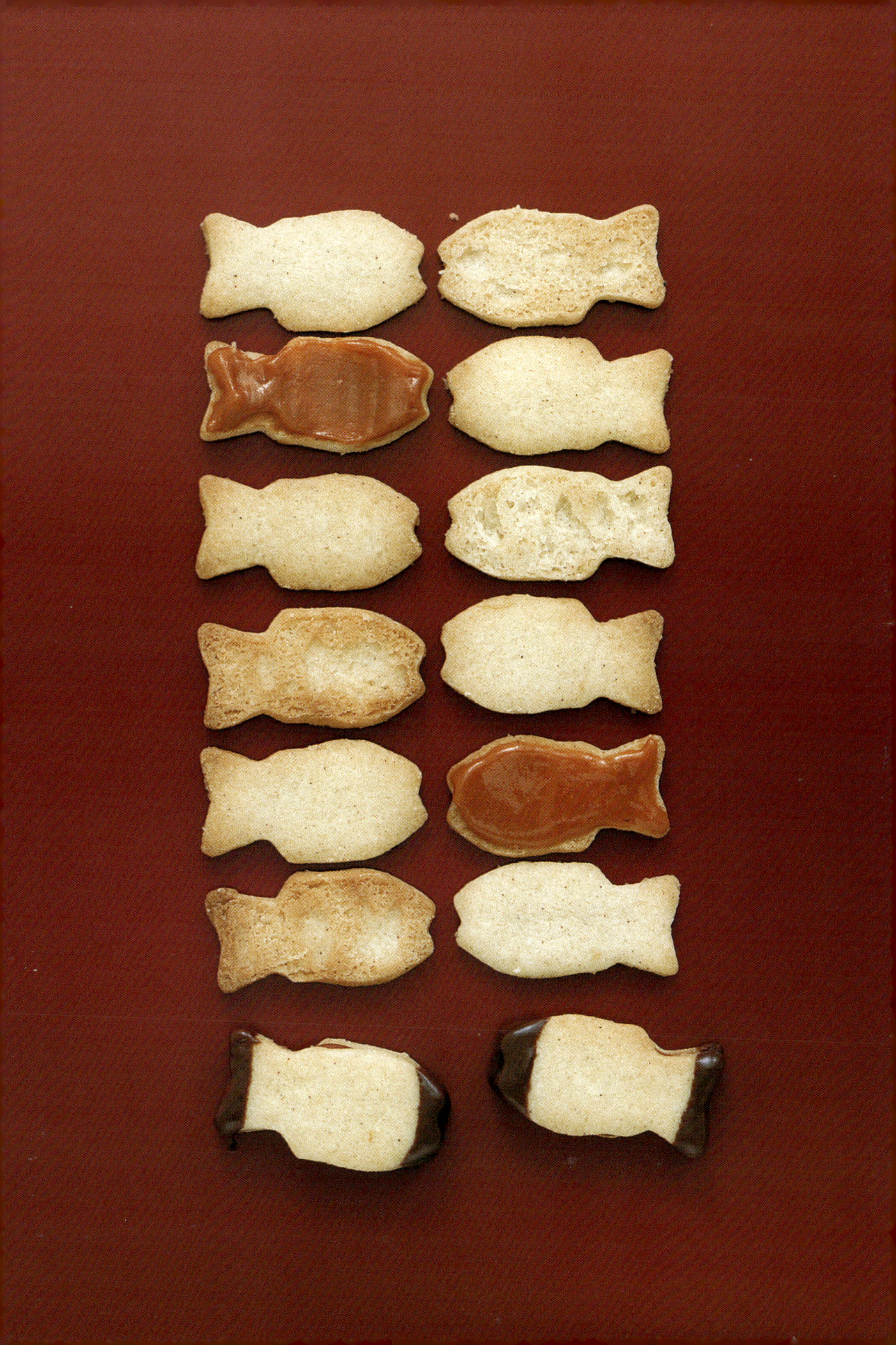

DER FISCH

Der Fisch ist ein uraltes Sinnbild vieler Kulturen: eng verbunden mit seinem Lebenselement, dem Wasser. Rätselhaft und geheimnisvoll für die Menschen, weil sie nur mit Wasser, aber nicht darin leben können. Die Reinheit und die Fruchtbarkeit des Wassers, welches das Leben erst ermöglicht, wird auf den Fisch übertragen. Er gehört wie Brot zu den wichtigsten Grundnahrungsmitteln.

Im Christentum war der Fisch anfänglich das verbreitetste Sinnbild – auch als Symbol Christi (im Zusammenhang mit dem Abendmahl, der Speisung der 5000). Auch das griechische Wort für Fisch ΙΧΘΥΣ (Ichthys) wurde als Abkürzung für Jesus gedeutet.

REZEPTE FÜR BRUNSLI GIBT'S FAST SO VIELE, WIE BASEL FASNÄCHTLER HAT. UND ALLE GLAUBEN, DAS ORIGINALREZEPT ZU KENNEN. WIR AUCH.

Brunsli-Konfekt

50 Stück

TEIG

225 g ungeschälte Mandeln, fein gemahlen
225 g Puderzucker, gesiebt
50 g ungesüsstes Kakaopulver
2 Vanillestängel, aufgeschlitzt oder 1–2 TL Vanillepulver (Reformhaus) oder 2 TL Vanillepaste (Grossverteiler)
1–2 Eiweiss (50 g)
1 Prise Salz
2 EL Kirsch

Kristallzucker zum Wenden

ZUBEREITEN Mandeln, Puderzucker und Kakaopulver mischen. Vanillesamen dazuschaben oder Vanillepulver bzw. -paste beifügen. Eiweiss mit Salz leicht schaumig schlagen, mit Kirsch zur Mandelmischung geben. Rasch zu einem Teig zusammenfügen. 1 Std. zugedeckt kalt stellen.

FORMEN Baumnussgrosse Teigkugeln formen. In Zucker wenden. In Petits-fours- oder Marzipanförmchen drücken, herauslösen und auf ein mit Backpapier belegtes Blech setzen. Über Nacht bei Raumtemperatur antrocknen lassen.

BACKEN 4–5 Min. im oberen Teil des auf 240–250 Grad vorgeheizten Backofens. Brunsli auf dem Blech auskühlen lassen, dann sorgfältig vom Backpapier lösen.

Backofen mit Unter- und Oberhitze vorheizen. Blech hineinschieben und Unterhitze ausschalten, damit die Brunsli nur an der Oberfläche trocknen.

Richtig gebackene Brunsli bekommen ein «Bäuchlein» mit feinen Rissen, sind aussen knusprig und innen noch feucht.

Brunsli-Konfekt

TEIG So wird der Teig marzipanähnlich: Mandeln mit ²⁄₃ des Puderzuckers mischen und portionenweise durch die Mandelmühle drehen oder im Cutter fein mahlen.
Zusätzlich 1 TL gemahlenen Zimt und ¼ TL gemahlene Gewürznelken beifügen.

FORMEN Teig portionenweise zwischen Backpapier 7–10 mm dick auswallen, mit Zucker bestreuen, kalt stellen. Verschiedene Motive ausstechen, auf ein mit Backpapier belegtes Blech geben. Trocknen und backen nach Rezept (Seite 38).

BACKEN Entweder kurz bei grosser Hitze: So werden die Brunsli aussen knusprig und bleiben innen feucht (und werden weniger schnell hart). Oder lang bei geringer Temperatur in der Mitte des Ofens: 12–15 Min. bei 170–180 Grad, 15–20 Min. bei 120 Grad oder 30–45 Min. bei 50 Grad.

BASLER BRAUN, BRAUNES ODER BRUNSLI

Während sich Basel und die übrige Schweiz um das Originalrezept streiten, könnte die Frage nach dem Ursprung des so typischen Schweizer Weihnachtsguetslis noch ganz andere Wellen auslösen, stammt doch das Rezept (das Original) eher von badischen Köchinnen, die früher in vornehmen Basler Familien kochten. Sie sind längst nicht mehr da, doch hinterliessen sie Spuren: Sucht man in alten, handgeschriebenen Basler Kochbüchern nach dem Rezept, findet man unter «Brunsle» das Guetsli, das wir so lieben. Klingt eindeutig badisch …

DIE EINEN SCHWÖREN AUF KAKAOPULVER, DIE ANDEREN AUF SCHOGGI. HAUPTSACHE DIE BRUNSLI SIND RABENSCHWARZ,SCHMECKEN INTENSIV NACH SCHOKOLADE UND KNIRSCHEN SCHÖN UNTER DEN ZÄHNEN.

Brunsli-Guetsli

50 Stück

TEIG

250 g ungeschälte Mandeln, fein gemahlen
200–225 g Zucker
2 TL ungesüsstes Kakaopulver
100–150 g Edelbitterschokolade (mit 60–72 % Kakaogehalt), gerieben
2 Vanillestängel, aufgeschlitzt, oder 1–2 TL Vanillepulver (Reformhaus) oder 2 TL Vanillepaste (Grossverteiler)
2 Eiweiss, leicht verquirlt
1 EL Kirsch

Kristallzucker zum Bestreuen

ZUBEREITEN Mandeln, Zucker, Kakaopulver und Schokolade mischen. Vanillesamen dazuschaben oder Vanillepulver bzw. -paste beifügen. Eiweiss und Kirsch dazugeben. Rasch zu einem Teig zusammenfügen. 1 Std. zugedeckt kalt stellen.

FORMEN Teig portionenweise zwischen Backpapier 7–10 mm dick auswallen. Mit Zucker bestreuen, kalt stellen. Verschiedene Motive ausstechen. Auf ein mit Backpapier belegtes Blech geben, über Nacht bei Raumtemperatur antrocknen lassen.

BACKEN 4–5 Min. im oberen Teil des auf 240–250 Grad vorgeheizten Backofens. Brunsli auf dem Blech auskühlen lassen, dann sorgfältig vom Backpapier lösen.

Die Ausstechförmchen zuerst in kaltes Wasser oder Kristallzucker tauchen, dann löst sich der Teig besser.

VARIANTEN ★

TEIG Halb Edelbitterschokolade, halb Milchschokolade verwenden. Statt Eiweiss 3 EL Kirsch und 1–2 EL Wasser oder 5 EL starken Espresso dazugeben. Dann Zucker durch Puderzucker ersetzen. Statt Vanille ½ EL gemahlenen Zimt verwenden.

SO STEHT'S IN EINEM ALTEN BERNER KOCHSCHULBUCH GESCHRIEBEN

Brunsli-Kugeln

50 Stück

TEIG

3 Eiweiss, verquirlt
250 g Zucker
250 g gemahlene Mandeln oder Haselnüsse
250 g dunkle Schokolade, gerieben oder geschmolzen, oder Schokoladepulver
1 Msp. gemahlener Zimt
1 Msp. gemahlene Gewürznelken

Kristallzucker zum Wenden

ZUBEREITEN Eiweiss mit Zucker gut verrühren. Mandeln oder Nüsse, Schokolade und Gewürze dazugeben. Rasch zu einem Teig zusammenfügen. 1 Std. zugedeckt kalt stellen.

FORMEN Baumnussgrosse Teigkugeln formen. In Zucker wenden. Auf ein mit Backpapier belegtes Blech setzen, über Nacht bei Raumtemperatur antrocknen lassen.

BACKEN 15 Min. in der Mitte des auf 170–180 Grad vorgeheizten Backofens.

teuscher
teuscher
teuscher
teuscher
teuscher
teuscher

SCHNEEWEISS MUSS SIE SEIN, DIE GLASUR, UND BIS IN DIE SPITZEN GEZOGEN

Zimmetsterne

45 Stück

TEIG

2–3 Eiweiss (75 g)
250 g Puderzucker
4 EL (20 g) gemahlener Zimt
½ unbehandelte Zitrone, Schale fein abgerieben
1 EL Zitronensaft
300–400 g ungeschälte Mandeln, fein gemahlen

ZUBEREITEN Eiweiss steif schlagen. Puderzucker portionenweise dazusieben und nur kurz darunter rühren. 1dl Eiweissmasse für die Glasur zugedeckt beiseite stellen. Restliche Masse weiterschlagen, bis der Eischnee glänzt und feste Spitzen bildet. Zimt, Zitronenschale, -saft und Mandeln dazugeben. Rasch zu einem Teig zusammenfügen. 1 Std. zugedeckt kalt stellen.

FORMEN Teig portionenweise zwischen Backpapier 1cm dick auswallen. Verschieden grosse Sterne ausstechen. Auf ein mit Backpapier belegtes Blech geben.

VERZIEREN Glasur auf die Sterne streichen, mit einem Holzspiesschen bis in die Zackenspitzen ziehen. Über Nacht bei Raumtemperatur antrocknen lassen.

BACKEN 4–5 Min. in der Mitte des auf 225 Grad vorgeheizten Backofens. Die Glasur muss hell bleiben.

VARIANTEN ★

TEIG Zusätzlich je 1 Msp. gemahlene Gewürznelken und Macis (Muskatblüte) beifügen. ★ Den Mandelgeschmack mit ein paar Tropfen Bittermandelaroma verstärken. ★Zitronensaft durch Kirsch ersetzen. ★250 g gemahlene Mandeln mit 50 g Kartoffelstärke mischen und beifügen.

FORMEN Schneller: Teig rechteckig, 7–10 mm dick auswallen. Mit Glasur bestreichen. Backen nach Rezept. Noch heiss in Quadrate oder Rhomben schneiden.

VERZIEREN Damit die Glasur garantiert weiss bleibt: Die Sterne unglasiert backen, noch warm 1mm tief in die Glasur tauchen, mit einem Hölzchen leicht abstreifen, antrocknen lassen.

cannelle

Korinthenbrötchen

40 Stück

TEIG

165 g Korinthen
4 EL brauner Rum
165 g Butter, weich
165 g Zucker
3 Eigelb
1 Prise Salz
165 g Mehl
1 Msp. Backpulver

VERZIERUNG

35 g Mandelblättchen, gehackt
wenig Puderzucker

ZUBEREITEN Korinthen mit Rum beträufeln und 2 Std. zugedeckt bei Raumtemperatur quellen lassen. Butter glatt rühren, bis sich Spitzen bilden. Zucker, Eigelb und Salz dazugeben, 10 Min. schaumig rühren. Korinthen beifügen. Mehl mit Backpulver mischen, dazusieben. Rasch zu einem Teig zusammenfügen. Zugedeckt kurz kalt stellen.

FORMEN Mit zwei Teelöffeln kleine Teigportionen formen. In Mandelblättchen wenden. Mit etwas Abstand auf ein mit Backpapier belegtes Blech setzen, 30 Min. kalt stellen.

BACKEN 10–15 Min. in der Mitte des auf 200 Grad vorgeheizten Backofens. Brötchen leicht auskühlen lassen. Mit Puderzucker bestäuben.

Rosinen ist der Oberbegriff für alle getrockneten Weinbeeren. Die Korinthen sind die kleinsten. Sie sind kernlos, schwarzbraun bis schwarzblau und sehr kräftig im Geschmack. Genau die müssen es sein für dieses mürbe Guetsli.

VARIANTEN ★

TEIG Die Schaummasse aus 125 g Butter, 125 g Zucker, 3 Eigelb und ½ TL Zitronenschale zubereiten. 70 g Rosinen mit 250 g Mehl mischen. 3 Eiweiss mit 1 Prise Salz steif schlagen. Eischnee und Mehlgemisch lagenweise auf die Schaummasse geben, locker darunterziehen. Nussgrosse Teighäufchen auf ein mit Backpapier belegtes Blech setzen. 2–3 Std. bei Raumtemperatur antrocknen lassen. Backen nach Rezept.

BACKEN

BLECH mit Backpapier belegen. Ausgestochene Guetsli mit genügend grossem Abstand darauflegen: 2–4 cm auseinander – je nachdem, ob sie eher in die Höhe gehen oder in die Breite fliessen.

VORHEIZEN Backofen immer vorheizen. Je nach Modell dauert's bis zu 15 Minuten, bis der Ofen die gewünschte Temperatur erreicht hat und das Blech eingeschoben werden kann.

EINSCHUBHÖHE In der Regel oder wenn im Rezept nicht anders vermerkt, wird flaches Gebäck in der Mitte des Ofens gebacken. Guetsli am Rand oder im hinteren Teil sind oft schneller braun – entweder herausnehmen oder das Blech drehen. Beim Umluftofen können 2–3 Bleche gleichzeitig eingeschoben werden. Damit die Guetsli gleichmässig backen, evtl. zwischendurch die Bleche von oben nach unten und umgekehrt tauschen.

TEMPERATUR Die Grad-Angaben sind für Ober- und Unterhitze. Bei Umluft 15–25 Grad weniger heiss einstellen (oder Anweisung des Herstellers befolgen). Mit einem Backofenthermometer lässt sich die Hitze einfach testen und kann noch genauer eingestellt werden.

Zimtpitten

40 Stück

TEIG
140 g kalte Butter, in Würfel geschnitten
140 g Mehl
1 Prise Salz
1 EL (10 g) gemahlener Zimt
1 unbehandelte Zitrone, Schale fein abgerieben
200 – 250 g Zucker
250 g ungeschälte Mandeln, fein gemahlen
3 Eigelb oder
1 Ei und 1 Eigelb

BELAG
2 Eiweiss
50 g Hagelzucker
50 g Mandelblättchen oder -splitter

ZUBEREITEN Butter mit Mehl feinkrümelig durchhacken. Salz, Zimt, Zitronenschale, Zucker und Mandeln beifügen, mischen. Eigelb dazugeben. Rasch zu einem Teig zusammenfügen. 30 Min. kalt stellen.

FORMEN Teig auf einem Blechrücken rechteckig, 5 mm dick ausstreichen. Kalt stellen.

VERZIEREN Eiweiss schaumig (nicht steif) schlagen, auf dem Teig verteilen. Hagelzucker und Mandeln darüberstreuen.

BACKEN 15 – 20 Min. im unteren Drittel des auf 175 Grad vorgeheizten Backofens. Noch heiss in Rhomben schneiden.

VARIANTEN ★

TEIG Zusätzlich 1 Msp. gemahlenen Macis (Muskatblüte) oder gemahlene Gewürznelken beifügen. ★ Zusätzlich 50 g fein gehacktes Zitronat daruntermischen. ★ Ruch- oder dunkles Landmehl verwenden.

VERZIEREN Teig zuerst mit erwärmter Aprikosenkonfitüre bestreichen, dann Belag darauf verteilen. ★ Eiweiss steif schlagen. 50 g Zucker einrieseln lassen, weiterschlagen, bis der Eischnee glänzt und feste Spitzen bildet. Auf dem Teig verteilen, mit Hagelzucker und Mandeln bestreuen.

MIT DUNKLEM KAKAOPULVER ZUBEREITET,
BEKOMMT DAS SÜSSE GUETSLI EINE FEINE BITTERNOTE

Schoggikugeln

50 Stück

TEIG

3 Eier

300 g Zucker

200 g dunkle Schokolade, gerieben, oder ungesüsstes Schokoladepulver

300 g ungeschälte Mandeln, fein gemahlen

75 g feiner Weizengriess, z. B. Dunst, Teigwarenmehl, Paidol

Puderzucker und gemahlener Zimt zum Wenden

ZUBEREITEN Eier und Zucker zu einer hellen Creme aufschlagen. Schokolade, Mandeln und Griess mischen, locker unter die Creme heben. Rasch zu einem Teig zusammenfügen. 1 Std. zugedeckt kalt stellen.

FORMEN Baumnussgrosse Teigkugeln formen. In mit wenig Zimt vermischtem Puderzucker wenden. Mit genügend Abstand auf ein mit Backpapier belegtes Blech setzen. Über Nacht kalt stellen oder kurz im Tiefkühler anfrieren lassen.

BACKEN 4–5 Min. im oberen Teil des auf 250 Grad vorgeheizten Backofens. Sobald die Kugeln aufspringen, herausnehmen, so sind sie aussen knusprig und innen noch schön feucht. Auf dem Blech auskühlen lassen, dann vom Backpapier lösen.

Das Backen bei hoher Hitze bedingt, dass man die Kugeln im Auge behält, damit sie genügend lang drinbleiben, aber nicht auslaufen oder zu dunkel werden. Die andere Möglichkeit ist, die Kugeln bei 150 Grad in der Mitte des Ofens 15–20 Min. zu backen. Verwendet man Schokoladepulver, fliessen sie beim Backen weniger in die Breite.

VARIANTEN ★

TEIG Zusätzlich 1 TL gemahlenen Zimt beifügen. ★ Statt Weizengriess Kartoffel-, Weizen- oder Maisstärke verwenden. ★ Statt ganze Eier: 4 Eigelb mit 200 g Zucker schaumig rühren. Je 100 g geriebene Edelbitter- und Milchschokolade, 320 g gemahlene Mandeln und 30–40 g Mehl dazugeben. 3 Eiweiss mit 1 Prise Salz steif schlagen, locker darunterheben. Kugeln in Kristallzucker wenden, ruhen lassen. Backen nach Rezept.

FORMEN Kugeln vor dem Backen nicht in Puderzucker, sondern danach in Kakao- oder Schokoladepulver wenden.

Nombrils de Dame

30 Stück

TEIG

250 g Mehl
100 g geschälte Mandeln, fein gemahlen
75 g Puderzucker
1 Prise Salz
225 g kalte Butter, in Würfel geschnitten

VERZIERUNG

Milch zum Bestreichen
geschälte Mandelhälften oder Sultaninen

ZUBEREITEN Mehl, Mandeln, Puderzucker, Salz und Butter feinkrümelig durchhacken. Rasch zu einem Teig zusammenfügen. 1 Std. zugedeckt kalt stellen.

FORMEN Teig portionenweise zwischen Backpapier 1cm dick auswallen. Kreise von 4cm Ø ausstechen. Auf ein mit Backpapier belegtes Blech geben, kalt stellen.

VERZIEREN Teigkreise mit Milch bestreichen. Je 1 Mandelhälfte oder Sultanine in die Mitte drücken. Nochmals kalt stellen.

BACKEN 12–15 Min. in der Mitte des auf 175 Grad vorgeheizten Backofens. Nombrils auf dem Blech auskühlen lassen.

EIN ALTES ZÜRCHER REZEPT

Zedernbrot

60 Stück

TEIG

2 Eiweiss (50 g)
375 g Puderzucker
1 unbehandelte Zitrone, Schale fein abgerieben, Saft ausgepresst
375 g ungeschälte Mandeln, fein gemahlen

GLASUR

100 g Puderzucker
3–4 EL frisch gepresster Zitronensaft

ZUBEREITEN Eiweiss steif schlagen. Puderzucker nach und nach dazusieben, weiterschlagen, bis der Eischnee glänzt und feste Spitzen bildet. Zitronenschale, -saft und Mandeln dazugeben. Rasch zu einem Teig zusammenfügen. Wenn der Teig zu feucht ist, löffelweise gemahlene Mandeln beifügen. 30 Min. zugedeckt kalt stellen.

FORMEN Teig zwischen dem Backpapier oder auf Zucker 7–10 mm dick auswallen. Monde oder Tännchen ausstechen oder 6 × 4 cm grosse Läckerli ausschneiden. Auf ein mit Backpapier belegtes Blech geben.

BACKEN 20–25 Min. in der Mitte des auf 150 Grad vorgeheizten Backofens.

VERZIEREN Puderzucker und Zitronensaft glatt rühren. Die noch heissen Guetsli mit der Glasur bestreichen.

MAN LIEBT SIE ODER NICHT. ABER SO ODER SO: DIE KOKOSRASPEL MÜSSEN FRISCH SEIN, WEIL SIE SCHNELL RANZIG SCHMECKEN UND TROCKEN-ZÄH WERDEN

Kokosmakrönli

40 Stück

TEIG

2–3 Eiweiss (65 g)
1 Prise Salz
150 g Puderzucker
200–250 g geriebene Kokosnuss
1 EL flüssige Butter, ausgekühlt
½ unbehandelte Zitrone, Schale fein abgerieben

ZUBEREITEN Eiweiss mit Salz steif schlagen. 75 g Puderzucker dazusieben, weiterschlagen, bis der Eischnee glänzt und feste Spitzen bildet. Restlichen Puderzucker, Kokosnuss, Butter und Zitronenschale darunterheben. Rasch zu einem Teig zusammenfügen.

FORMEN Mit zwei Teelöffeln Teigschiffchen oder -häufchen auf ein mit Backpapier belegtes Blech setzen.

BACKEN 4–5 Min. in der Mitte des auf 225 Grad vorgeheizten Backofens.

Ist der Teig zu klebrig-feucht, mehr Nüsse oder esslöffelweise feinen Weizengriess, z. B. Dunst, Paidol, Teigwarenmehl, beifügen.

VARIANTEN ★

TEIG

Zusätzlich 1 Päckchen Vanillinzucker oder 2 TL Kokoslikör dazugeben

NUSSMAKRONEN Statt Kokosnuss gemahlene Mandeln oder Haselnüsse verwenden. Makrönli formen, mit einer geschälten Mandelhälfte oder einer gerösteten, geschälten Haselnuss garnieren. Die Makronen werden noch feiner, wenn sie mit geschälten Mandeln oder mit gerösteten, geschälten Haselnüssen zubereitet werden.

PINIENMAKRONEN Statt Kokosnuss 150 g gemahlene geschälte Mandeln mit 100 g grob gehackten Pinienkernen mischen und beifügen.

Kokosmakrönli

DATTELMAKRONEN Makronenmasse mit 100 g Zucker und 200 g gemahlenen Nüssen zubereiten. 100 g fein gehackte Datteln beifügen. Mit je 1 Msp. gemahlenem Piment (Nelkenpfeffer) und Kardamom oder ½ TL Vanillepulver (Reformhaus) abschmecken.

SCHOKOLADEMAKRONEN 50–60 g ungezuckertes Schokoladepulver oder 100 g geriebene Edelbitterschokolade mit 150–200 g Kokosnuss oder je 100 g gemahlenen Mandeln und Haselnüssen beifügen. Makrönli formen, mit Hagelzucker bestreuen.

MOKKAMAKRONEN 200 g gemahlene Nüsse nach Wahl, 100 g geriebene Edelbitterschokolade und 1 TL fein gemahlenes Espresso-Kaffeepulver beifügen.

ORANGENMAKRONEN Unbehandelte Orangen (oder Zitronen) mit 50–100 g Würfelzucker abreiben, dann mahlen. Mit den Nüssen unter den Eischnee (mit 75 g Puderzucker zubereitet) heben. Makrönli formen, mit je 1 Streifen kandierter Orangenschale garnieren.

FORMEN Teig mit nur 150–200 g Nüssen zubereiten: in einen Spritzbeutel mit glatter/gezackter Tülle füllen und Häufchen/Rosetten auf Oblaten oder direkt auf Backpapier spritzen.

FÜLLEN Makrönli rund und flach oder mit dem Spritzbeutel formen. Gebackene Makrönli auf der Unterseite mit geschmolzener Kuvertüre oder Schokolade bestreichen, je 2 zusammensetzen. Oder mit Buttercreme (Rezept Albertli, Seite 116) füllen.

BACKEN Makrönli vor dem Backen über Nacht bei Raumtemperatur trocknen lassen. 15–20 Min. in der Mitte des auf 150 Grad vorgeheizten Backofens backen.

VERZIEREN Glasur: 100 g Puderzucker mit 2–3 EL Kokos- oder Nusslikör und einigen Tropfen roter Lebensmittelfarbe verrühren. In ein Spritztütchen (Seite 109) füllen, gebackene Makrönli mit feinen Linien verzieren.

IN ALTEN KOCHBÜCHERN HEISSEN SIE HÄGEMAKRÖNLI – HÄGEMARK IST DAS ALTE WORT FÜR HAGEBUTTENMARK

Hagebuttenmakrönli oder Rosenmakrönli

30 Stück

TEIG

1–2 Eiweiss (50 g)
1 Prise Salz
175 g Puderzucker
2 EL ungezuckertes Hagebuttenmark
1 EL Rosenwasser
200–250 g ungeschälte Mandeln, fein gemahlen

FÜLLUNG

ungezuckertes Hagebuttenmark

ZUBEREITEN Eiweiss mit Salz steif schlagen. Puderzucker dazusieben, weiterschlagen, bis der Eischnee glänzt und feste Spitzen bildet. Hagebuttenmark, Rosenwasser und Mandeln sorgfältig darunter heben. Rasch zu einem Teig zusammenfügen.

FORMEN UND FÜLLEN Mit zwei Teelöffeln Teigschiffchen oder -häufchen auf ein mit Backpapier belegtes Blech setzen. Mit einem angefeuchteten Teelöffel eine kleine Vertiefung in die Mitte drücken. Mit Hagebuttenmark füllen.

BACKEN 15–20 Min. in der Mitte des auf 150 Grad vorgeheizten Backofens.

Nougatmakrönli

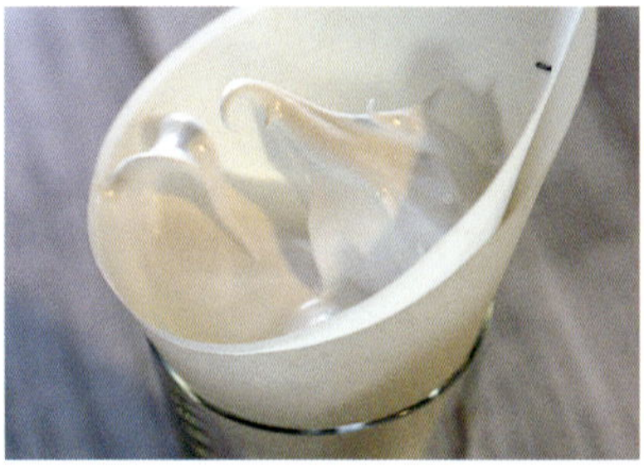

40 Stück

TEIG
150 g Zucker
je 75 g Haselnüsse, Mandeln und Baumnüsse, grob gehackt
2–3 Eiweiss (65 g)
1 Prise Salz
75 g Puderzucker
2–3 EL Mehl (30–50 g)
½ unbehandelte Zitrone, Schale fein abgerieben

wenig Eiweiss zum Bestreichen

ZUBEREITEN Zucker in einer weiten Pfanne hell karamellisieren. Nüsse beifügen und unter Wenden kurz rösten, bis sie mit Karamell überzogen sind. Sofort auf ein Backpapier geben und möglichst flach ausstreichen, auskühlen lassen. Krokant in Stücke brechen, in der Mandelmühle fein reiben. Eiweiss mit Salz steif schlagen. Puderzucker dazusieben, weiterschlagen, bis der Eischnee glänzt und feste Spitzen bildet. Mehl, Krokant und Zitronenschale sorgfältig darunterheben. Rasch zu einem Teig zusammenfügen.

FORMEN Mit zwei Teelöffeln Teigschiffchen oder -häufchen auf ein mit Backpapier belegtes Blech setzen. Leicht mit Eiweiss bestreichen. Mit einem Messerrücken Rillen eindrücken.

BACKEN 15–20 Min. in der Mitte des auf 150 Grad vorgeheizten Backofens.

VARIANTEN ★

VERZIEREN Puderzuckerglasur (Rezept Zedernbrot, Seite 58) in ein Spritztütchen (Seite 109) füllen. Gebackene Makrönli dicht nebeneinander auf ein Backpapier legen. Glasur linienförmig darüber ziehen.

Weisse Läckerli oder Zürcher Läckerli

20–30 Stück

TEIG

250–260 g geschälte Mandeln, fein gemahlen
250 g Puderzucker
1 EL Rosenwasser
1 grosses Eiweiss, verquirlt
50 g feiner Weizengriess, z. B. Dunst, Teigwarenmehl, Paidol

Puderzucker zum Formen
Rosenwasser zum Bestreichen

GLASUR

100 g Puderzucker
2–3 EL Rosenwasser

ZUBEREITEN Mandeln mit einem Teil des Puderzuckers portionenweise im Cutter fein mahlen. Restlichen Puderzucker und Rosenwasser beifügen, mischen. Mandelmasse in einer weiten Chromstahlpfanne unter Rühren langsam erhitzen, bis sie sehr trocken ist und sich vom Pfannenboden löst. Zugedeckt bei Raumtemperatur auskühlen lassen. Eiweiss und Griess dazugeben. Rasch zu einem Teig zusammenfügen.

FORMEN Teig portionenweise zwischen Backpapier oder auf Puderzucker 1 cm dick auswallen. Teigoberfläche und Läckerli-Model mit Puderzucker bestäuben, Model gleichmässig auf den Teig drücken. Läckerli ausschneiden, auf ein mit Backpapier belegtes Blech geben. 1–2 Tage bei Raumtemperatur trocknen lassen, dabei 1–2-mal mit Rosenwasser bestreichen.

BACKEN 10–15 Min. im oberen Teil des auf 175 Grad vorgeheizten Backofens.

VERZIEREN Puderzucker und Rosenwasser glatt rühren. Die noch heissen Läckerli mit der Glasur bestreichen.

Rosenwasser ist in Apotheken oder in orientalischen Lebensmittelgeschäften erhältlich. Gut verschlossen im Kühlschrank aufbewahren, damit sich die ätherischen Öle nicht verflüchtigen (beschränkt haltbar).

Wer die Zeit und Musse hat, zerstösst die gemahlenen Mandeln mit dem Puderzucker im Mörser, bis eine homogene Masse entsteht.

Weisse Läckerli

TEIG Rosenwasser durch Zitronensaft, fein abgeriebene Zitronenschale, Kirsch, Orangenblütenwasser, wenig Bittermandel- oder Nussaroma ersetzen.

ROTE LÄCKERLI 1–2 EL fein gemahlenes Sandelholz (Seite 22) und nach Belieben 1 TL gemahlenen Zimt unter den Teig mischen.

GRÜNE ODER ORANGE LÄCKERLI Einige Tropfen der entsprechenden Lebensmittelfarbe unter den Teig mischen.

SCHOKOLADELÄCKERLI Rosenwasser durch 100 g geriebene Schokolade (bitter und süss gemischt) ersetzen.

FÜLLEN Teig halbieren, gleich gross (rechteckig, 1 cm dick) auswallen. Die eine Hälfte dünn mit Hagebutten- oder Aprikosekonfitüre bestreichen, mit der anderen Teighälfte bedecken. Model darauf drücken, Läckerli ausschneiden.

VERZIEREN Die noch heissen Läckerli mit aufgelöstem Gummiarabikum (Seite 83) bestreichen.

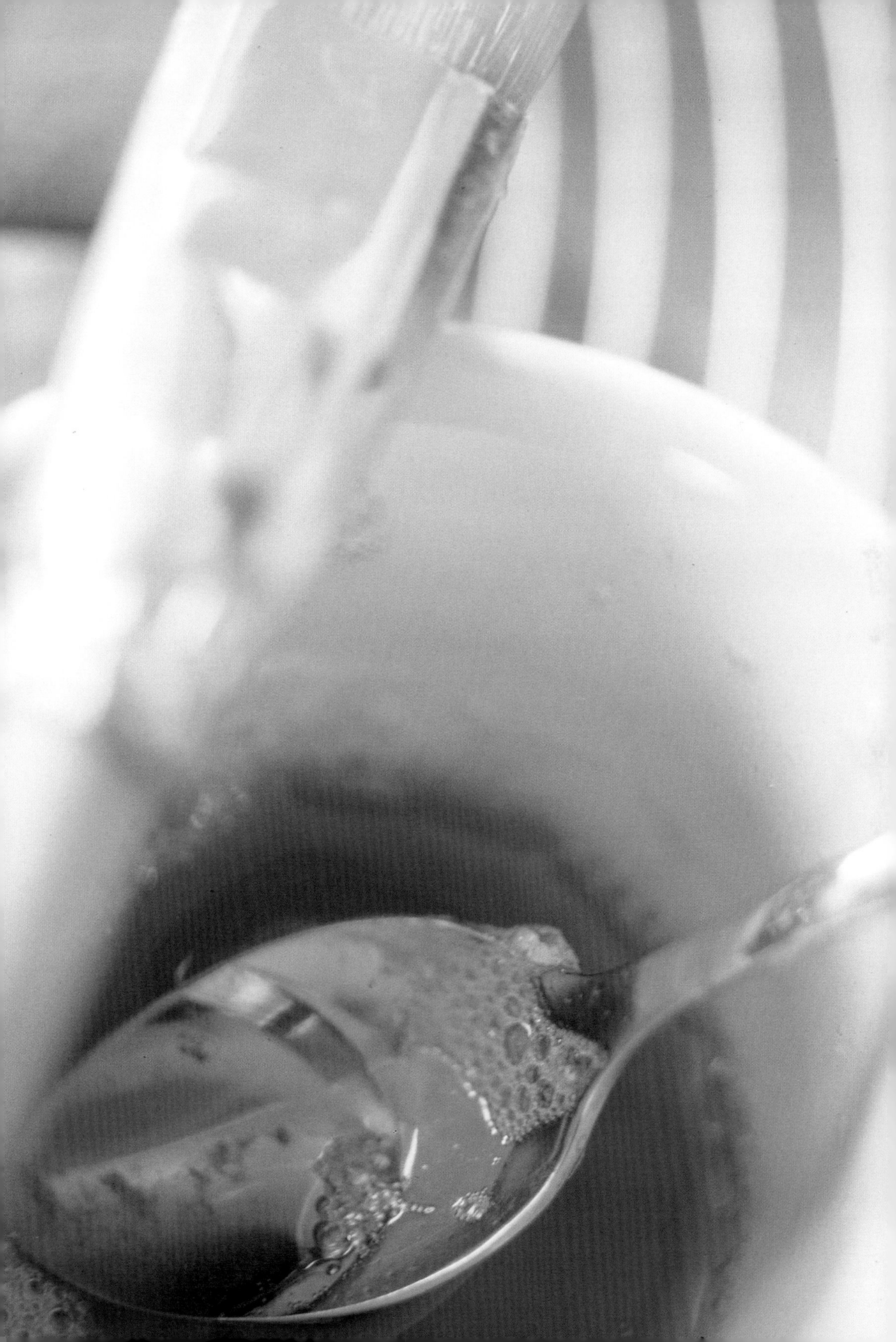

KNUSPRIG-MÜRBE GUETSLI

MENGENVERHÄLTNIS und/oder Art von Zucker, Fett, Mehl bestimmen, ob ein Guetsli flach und knusprig-mürb, luftig-biscuitähnlich oder kompakt-kaugummiähnlich wird – und bleibt.

ZUCKER Die Art des Zuckers ist massgebend, ob Guetsli nach dem Backen knusprig und nach 1–2 Tagen weich werden. Weisser und Feinster Zucker, Kristall-, Griess oder Puderzucker sind im Allgemeinen am idealsten für knusprig-mürbe Guetsli. Im Gegensatz zu Rohr- oder Vollrohrzucker und Honig können sie aber die je nach Aufbewahrungsort vorhandene Feuchtigkeit nicht absorbieren. Eine Mischung aus weissem und Rohzucker kann verhindern, dass das Guetsli zu weich oder zu mürb wird.

MEHL Je höher sein Klebergehalt (Mehl-Eiweiss), desto mehr Flüssigkeit absorbiert das Mehl im Teig. Das in der Schweiz im Reformhaus oder in Mühlen erhältliche Dinkel-Weissmehl weist einen höheren Klebergehalt aus als gewöhnliches Weissmehl. Es wird darum auch gerne für flaches Hefegebäck, Pastateig, Knödel usw. verwendet. Weisses Brotmehl oder Zopfmehl ist eine Mehlmischung mit einem bestimmten Anteil an Dinkel und ebenfalls höherem Klebergehalt. Alle Rezepte sind, wenn nicht anders vermerkt, mit Weizen-Weissmehl zubereitet.

FETT Art und Menge des Fetts im Teig bestimmen, wie stark das ausgestochene Guetsli beim Backen ausläuft. Butter schmilzt schnell, das Guetsli wird flacher und dadurch dünner und knuspriger oder mürber. Fett, z. B. Nussa, Nussella, enthält weniger Wasser als Butter, schmilzt also weniger leicht. Die ausgestochenen Guetsli bleiben besser in Form (siehe auch Butterteige, Seite 11). Eine Mischung aus Fett und Butter ist eine Möglichkeit, Form und Geschmack zu bestimmen.

Kaffeenüssli

50 Stück

TEIG
350 g Baumnüsse, grob gehackt
350 g Puderzucker
1–3 TL sofortlösliches Kaffeepulver
2–3 EL heisses Wasser

GLASUR
1–2 TL sofortlösliches Kaffeepulver
1–2 EL heisses Wasser
150 g Puderzucker

VERZIERUNG
Mokkabohnen oder Baumnusshälften

ZUBEREITEN Nüsse mit Puderzucker portionenweise durch die Mandelmühle drehen oder im Cutter fein mahlen. Kaffeepulver in heissem Wasser auflösen, zur Nussmischung geben. Rasch zu einem Teig zusammenfügen.

FORMEN Teig zwischen Backpapier oder auf Puderzucker 1 cm dick auswallen. Kreise oder Herzchen von 3 cm Ø ausstechen. Oder mit einem Teelöffel längliche Teigklösschen formen. Auf Backpapier legen, über Nacht bei Raumtemperatur antrocknen lassen.

VERZIEREN Kaffeepulver in heissem Wasser auflösen, mit Puderzucker glatt rühren. Tropfenweise Wasser beifügen, bis die Glasur die richtige Konsistenz hat. Kaffeenüssli damit bestreichen. Mokkabohnen oder Nüsse auf die noch feuchte Glasur setzen, vollständig trocknen lassen.

Je feiner die Nüsse gemahlen, desto weniger Flüssigkeit muss man zusätzlich beifügen. Je nach Kaffeesorte (und Vorliebe) die Menge anders dosieren, so dass das feine Mokka-Aroma nicht ins Bittere kippt.

NÜSSE

Vor allem Baumnüsse lassen sich besser mahlen, wenn sie angefroren oder je nach Grösse sogar durch und durch gefroren sind. Denn bei Raumtemperatur und durch die Wärme des Mahlens, vor allem im Cutter, setzt sich das Fett ab – die Nüsse beginnen zu klumpen und können nicht mehr fein zerkleinert werden. Deshalb ist ein handbetriebenes Mahlgerät, wie z. B. eine Mandelmühle, empfehlenswert. Es braucht zwar Zeit für die Vorbereitung, dafür kann man aber die Nüsse in der gewünschten Feinheit mahlen und die Guetsli werden im Geschmack nussiger.
Einmal gemahlen, verlieren die Nüsse schnell an Qualität. Tipp: Ganze und gemahlene Nüsse kühl und trocken oder gut verpackt im Tiefkühler aufbewahren.

GAR NICHT SO SÜSS, WIE MAN VERMUTEN KÖNNTE

Schoggi-Gipfeli

30–40 Stück

TEIG
250 g Butter, weich
50 g Puderzucker
300 g Mandelmasse (Backmarzipan), gerieben
2 Eier, verquirlt
1 Prise Salz
25 g ungezuckertes Kakaopulver
275 g Mehl

FÜLLUNG
Himbeer- oder Aprikosenkonfitüre

VERZIERUNG
100 g helle Kuvertüre, grob zerkleinert

ZUBEREITEN Butter glatt rühren, bis sich Spitzen bilden. Puderzucker und Marzipan dazugeben, 10 Min. kräftig rühren, bis das Marzipan fast vollständig aufgelöst ist. Eier und Salz beifügen. Rühren, bis die Masse hellcremig und luftig ist. Kakaopulver und Mehl dazugeben. Rasch zu einem Teig zusammenfügen.

FORMEN Teig in einen Spritzbeutel mit gezackter Tülle füllen. Gipfeliförmig auf ein mit Backpapier belegtes Blech spritzen, kalt stellen.

FÜLLEN Konfitüre erwärmen. Gipfeli auf der flachen Seite damit bestreichen, je 2 zusammensetzen.

BACKEN 12–15 Min. in der Mitte des auf 150 Grad vorgeheizten Backofens.

VERZIEREN Kuvertüre im warmen Wasserbad schmelzen. Beide Enden der Gipfeli hineintauchen, auf Backpapier trocknen lassen.

MARZIPAN

Mandelmasse oder Backmarzipan ist aus gleichen Teilen Mandeln und Zucker hergestellt und eignet sich fürs Backen. Aufbewahren: in Portionen tiefkühlen. Vor dem Verwenden bei Raumtemperatur auftauen lassen.

Dekormarzipan (weiss und farbig) hat einen höheren Zuckergehalt und eignet sich darum besser zum Dekorieren und Modellieren.

OHNE LEBKUCHEN KEIN ADVENT

Lebkuchen, Honig- oder Pfefferkuchen haben eine lange Tradition. Schon bevor es Zucker gab, wurde fladenähnliches Feingebäck aus Honig, Gewürzen und Mehl gebacken. Das Gebäck, das wir als Lebkuchen bezeichnen, stellt eine alte germanische Form der Opfergabe dar. Die zum Teil noch heute gebrauchten Ausstechformen erinnern daran. Im Mittelalter stellten Klosterfrauen figürliches Gebäck aus Lebkuchenteig her und verschenkten es. Die Silbe «leb» hat nichts mit dem heutigen Begriff «leben» zu tun, sondern lässt sich vom lateinischen «libum» ableiten. Ein Ausdruck für Fladen (flaches Gebäck).

Viele der heutigen Rezepte stammen ursprünglich aus Klöster. Auch war der Lebkuchenbäcker, «Lebzeltner oder Pfefferküchler», ein anerkannter Beruf. Die einstigen Originalrezepte haben sich im Laufe der Zeit gewandelt – regionale Varianten entstanden: Die bekannten Läckerli aus Basel, die mit Orangeat, Zitronat und Mandeln gebacken werden. In Bern sind es die einfachen, aber reich mit Zuckerguss verzierten Lebkuchen oder die als Spezialität gehandelten Bärner Haselnusslebkuchen. In St. Gallen und Appenzell kennt man die gefüllten Lebkuchen als Biber. Und in Zürich werden Honigteige in reich geschnitzten Model und Formen gebacken – wahre Kunstwerke.

Einfache Lebkuchen

40 Stück

TEIG

1 Ei
85 g Zucker
85 g Honig, flüssig
25 g Butter, weich
2–3 TL Lebkuchengewürz (Seite 82)
½ unbehandelte Orange, Schale fein abgerieben
½ unbehandelte Zitrone, Schale fein abgerieben
250 g Mehl
½ Päckchen Backpulver

GLASUR

1 EL Gummiarabikum (Seite 83)
1–2 EL heisses Wasser

ZUBEREITEN Ei und Zucker zu einer hellen Creme aufschlagen. Honig, Butter, Gewürze und Zitrusschalen beifügen. Mehl mit Backpulver mischen, dazusieben und locker darunterheben. Rasch zu einem Teig zusammenfügen. Zugedeckt einige Stunden oder über Nacht bei Raumtemperatur ruhen lassen. Vor dem Formen 1 Std. kalt stellen.

FORMEN Teig portionenweise zwischen Backpapier 5 mm dick auswallen. Motive ausstechen. Auf ein mit Backpapier belegtes Blech geben.

BACKEN 15–20 Min. in der Mitte des auf 190 Grad vorgeheizten Backofens.

VERZIEREN Gummiarabikum in Wasser unter Rühren auflösen. Die noch heissen Lebkuchen mit der Glasur bestreichen, trocknen lassen.

VARIANTEN ★

FÜLLEN Marzipan (Mandelmasse, Seite 76) auf Puderzucker 2 mm dick auswallen. Die gleichen Motive wie beim Lebkuchen, aber mit kleinerem Durchmesser, ausstechen. Auf die Lebkuchen legen, Rand mit verquirltem Eiweiss bestreichen, mit zweitem Lebkuchen bedecken, Rand gut andrücken. Backen nach Rezept.

VERZIEREN Dicke Eiweissglasur zubereiten (Rezept Zimmetsterne, Seite 46). In ein Spritztütchen (Seite 109) geben und Lebkuchen verzieren. Statt Gummiarabikum-Glasur: 50 g Puderzucker mit 1–2 EL verquirltem Eiweiss glatt rühren. Die noch warmen Lebkuchen damit bestreichen.

LEBKUCHENGEWÜRZ

Gewürze mahlen und mischen: 20 g Zimt, 20 g Sternanis, 20 g Kardamom, 15 g Gewürznelken, 15 g Ingwer, 10 g Macis (Muskatblüte) – und nach Belieben wenig Koriander, Anis oder Nelkenpfeffer.

POTTASCHE UND TRIEBSALZ

Pottasche oder Kaliumkarbonat ist das Triebmittel für Honig- und Sirupteige: Die Teige können 6–8 Wochen im Voraus zubereitet und kühl gelagert werden. Dabei bilden sich organische Säuren, die dann beim Backen ausgetrieben werden und so das Gebäck lockern. Und es entwickelt sich der typische Lebkuchengeschmack. Auf 500 g Mehl verwendet man 8–10 g Pottasche. Die Teige sind geschmeidig und gut formbar. Das Gebäck geht beim Backen in die Breite.

Triebsalz (Ammoniumkarbonat) ist für flaches Gebäck, Honig- und Lebkuchenteige. Das Triebsalz erst unmittelbar vor dem Verarbeiten unter den Teig mischen. Es entwickelt gerne einen seifigen Geschmack und die Triebkraft nimmt ab. Treibt das Gebäck eher in die Höhe.

Aufbewahren: Pottasche und Triebsalz gut verschlossen, trocken und kühl lagern.

GLANZ FÜR LEBKUCHEN

Einfach: Lebkuchen vor dem Backen mit Milch oder nach dem Backen noch heiss mit Kaffeerahm bestreichen. Aufwändiger und typischer: Gummiarabikum. Das Pulver in heissem Wasser unter Rühren auflösen und auf die noch heissen Lebkuchen streichen. Mit Gummiarabikum glasiert, kleben die Lebkuchen dann auch so schön an den Zähnen ...

SPRITZGLASUR

Trocknet weiss und fest: 20 g Eiweiss steif schlagen. 100 g Puderzucker dazusieben, 10 Min. rühren. Nach Belieben mit Lebensmittelfarbe einfärben.

Pfeffernüsse

60 Stück

TEIG

2 kleine Eier
200 g Zucker
½ EL gemahlener Zimt
1 kleine Msp. frisch gemahlener weisser Pfeffer
je 1 Msp. gemahlene/r Muskatnuss, Kardamom, Piment (Nelkenpfeffer) und Gewürznelken
½ unbehandelte Zitrone, Schale fein abgerieben
je 25 g Zitronat und Orangeat, fein gehackt
5 g Pottasche (Seite 82)
250 g Weiss- oder Halbweissmehl

GLASUR

100 g Puderzucker
2–3 EL Zitronensaft oder Kirsch

ZUBEREITEN Eier und Zucker 10 Min. zu einer hellen, schaumigen Creme aufschlagen. Gewürze, Zitronenschale, kandierte Früchte, Pottasche und Mehl dazugeben. Zu einem Teig zusammenfügen. 1 Std. zugedeckt kalt stellen.

FORMEN Baumnussgrosse Teigkugeln formen. Auf ein mit Backpapier belegtes Blech geben, über Nacht bei Raumtemperatur unbedeckt antrocknen lassen. Kugeln kurz vor dem Backen wenden, damit sie das Aussehen von Baumnüssen bekommen.

BACKEN 10–15 Min. in der Mitte des auf 190–200 Grad vorgeheizten Backofens. Auf dem Blech auskühlen lassen.

VERZIEREN Puderzucker und Zitronensaft oder Kirsch glatt rühren. Pfeffernüsse mit der Glasur bestreichen.

VARIANTEN ★

TEIG Nach Belieben zusätzlich 50 g gehackte Mandeln beifügen.

SCHON FAST EIN LEBKUCHEN, ABER NUR FAST

Honigläckerli

50 Stück

TEIG

250 g Wald- oder Blütenhonig
150 g Zucker
2 Eier
350 g Weiss- oder Ruchmehl
1–2 TL gemahlener Zimt
⅛ TL gemahlene Gewürznelken
wenig frisch gemahlene Muskatnuss
2 unbehandelte Zitronen, Schale fein abgerieben
150 g geschälte Mandeln, grob gehackt
75 g Orangeat und Zedrat gemischt, fein gehackt
1 EL Triebsalz (Seite 82)
1–2 EL Zitronensaft oder Kirsch

GLASUR

1 Portion Puderzuckerglasur (Rezept Zedernbrot, Seite 58)

ZUBEREITEN Honig mit 100 g Zucker unter Rühren langsam erwärmen, bis der Zucker aufgelöst ist. Eier und restlichen Zucker zu einer hellen, schaumigen Creme aufschlagen. Mehl, Gewürze, Zitronenschale, Mandeln und kandierte Früchte mischen. Triebsalz mit Zitronensaft oder Kirsch verrühren, mit Honig und Eiercreme zum Mehlgemisch geben. Rasch zu einem Teig zusammenfügen und kneten, bis alles gut vermischt ist.

FORMEN Teig portionenweise rechteckig, 5 mm dick auswallen. In 5–6 × 3 cm grosse Rechtecke schneiden, nicht trennen. Auf ein mit Backpapier belegtes Blech geben, über Nacht bei Raumtemperatur trocknen lassen.

BACKEN 15–18 Min. in der Mitte des auf 200 Grad vorgeheizten Backofens.

VERZIEREN Die noch heissen Läckerli auseinanderschneiden und glasieren.

Je länger die Läckerli lagern, desto intensiver entwickeln sich die Gewürzaromen.

AUFBEWAHREN

GUETSLI FÜR DEN VORRAT einige Minuten länger backen, nach dem Backen auf dem Blech auskühlen lassen, dann vom Backpapier lösen und auf dem Kuchengitter erkalten lassen. Nur vollständig ausgekühlte Guetsli in Dosen verpacken – Restwärme erzeugt unter Verschluss Dampf und lässt die Guetsli weich werden.

BUTTERGUETSLI sind am wenigsten lang haltbar. Nach 8–10 Tagen verlieren sie den feinen Geschmack. Vorrat: Teig im Voraus zubereiten und tiefkühlen. Oder Guetsli ohne Verzierungen backen und tiefkühlen. Bei Raumtemperatur sind sie schnell aufgetaut – und verziert.

GUETSLI OHNE FETT wie Chräbeli müssen kühl aufbewahrt werden, z. B. im Keller, da sie sonst hart werden. Oder mit einem Stück Orangen- oder Zitronenschale, Karotten- oder Apfelstück lagenweise in Dosen füllen.

NUSSGUETSLI OHNE FETT sind am längsten haltbar und entwickeln mit der Zeit auch erst ihren feinen Geschmack. Makrönli eignen sich nicht zum Tiefkühlen, sie werden zäh und weich.

MUSKATNUSS IN NUSSIGER VERKLEIDUNG.
REICHLICH UND FRISCH GEMAHLEN GEHÖRT SIE IN DEN TEIG

Mutschgezinli

30 Stück

TEIG

2 Eier
200–250 g gemahlener Rohrzucker
1 Prise Salz
3 EL (25–30 g) Sandelholzpulver (Seite 22)
1 TL gemahlener Zimt
je 1 Msp. gemahlene Muskatnuss und Gewürznelken
250 g gemahlene Mandeln oder Haselnüsse, geröstet

VERZIERUNG

Haselnüsse, geröstet, geschält, halbiert (Seite 28)

ZUBEREITEN Eier und Zucker zu einer hellen, schaumigen Creme aufschlagen. Salz, Gewürze und Mandeln oder Nüsse dazugeben. Zu einem Teig zusammenfügen. 1 Std. zugedeckt kalt stellen.

FORMEN Mit zwei Teelöffeln Teigschiffchen formen. Auf ein mit Backpapier belegtes Blech setzen. Mit Nüssen verzieren.

BACKEN 5–7 Min. in der Mitte des auf 240 Grad vorgeheizten Backofens.

IM SÜDDEUTSCHEN HEISSEN UNSERE SPITZBUBEN «HILDABRÖTCHEN»

Spitzbuben

50 Stück

TEIG
350 g Mehl
125–150 g Feinster Zucker
2 TL Vanillinzucker
1 Prise Salz
250 g kalte Butter, in Würfel geschnitten
evtl. wenig Eiweiss, verquirlt

FÜLLUNG
roter Beerengelee

Puderzucker zum Bestäuben

ZUBEREITEN Mehl, Zucker, Vanillinzucker und Salz mischen. Butter dazugeben, mit einem grossen Messer feinkrümelig durchhacken. Rasch zu einem Teig zusammenfügen. Wenn nötig, etwas Eiweiss dazugeben. 1 Std. zugedeckt kalt stellen.

FORMEN Teig portionenweise zwischen Backpapier 2 mm dick auswallen, kalt stellen. Kreise von 4–5 cm Ø ausstechen, kalt stellen. Bei der Hälfte der Teigkreise stern-, herzförmige oder runde «Fensterchen» ausstechen, Deckeli kalt stellen.

BACKEN (zuerst die Bödeli) 7–8 Min. in der Mitte des auf 200 Grad vorgeheizten Backofens.

FÜLLEN Gelee leicht erwärmen. Bödeli auf der Unterseite damit bestreichen. Deckeli backen, noch heiss mit Puderzucker bestäuben und sofort auf die Bödeli setzen.

VARIANTEN ★

TEIG Vanillinzucker durch Zitronensaft ersetzen. Gerührter Teig: Weiche Butter glatt rühren, bis sich Spitzen bilden. Zucker einrieseln lassen und 10 Min. kräftig rühren, bis er aufgelöst ist. Vanillinzucker und Salz beifügen. Mehl dazusieben. Rasch und locker zu einem Teig zusammenfügen.

FÜLLEN Spitzbuben mit geschmolzener Schokolade füllen. Oder mit einer Buttercreme: 75 g weiche Butter mit 75 g Puderzucker, 35 g Mandelmus und 1 EL Zitronensaft verrühren.

VERZIEREN Statt Puderzucker: Die Ränder der Spitzbuben in Kristallzucker wenden.

Spitzbuben-Terrassen

30 Stück

TEIG
150 g Butter, weich
150 g Feinster Zucker
1 Prise Salz
1 unbehandelte Zitrone, Schale fein abgerieben
3–4 Eigelb
300 g Mehl

FÜLLUNG
Himbeergelee

Puderzucker zum Bestäuben

ZUBEREITEN Butter glatt rühren, bis sich Spitzen bilden. Zucker einrieseln lassen und 10 Min. kräftig rühren, bis er aufgelöst ist. Salz, Zitronenschale und Eigelb beifügen. Rühren, bis die Masse hellcremig und luftig ist. Mehl dazusieben. Zu einem Teig zusammenfügen. 2 Std. zugedeckt kalt stellen.

FORMEN Teig portionenweise zwischen Backpapier 2–3 mm dick auswallen, kalt stellen. Kreise mit Wellenrand ausstechen – jeweils die gleiche Anzahl in drei Grössen. Auf ein mit Backpapier belegtes Blech geben, kalt stellen.

BACKEN 7–8 Min. in der Mitte des auf 200 Grad vorgeheizten Backofens.

FÜLLEN Gelee leicht erwärmen. Die mittleren und kleinen Kreise auf der Unterseite damit bestreichen, aufeinander auf die grossen Kreise setzen. Mit Puderzucker bestäuben.

WENN NÜSSE ÜBRIG BLEIBEN – IM LÄCKERLI WERDEN SIE NICHT ALT

Nussläckerli

20–30 Stück

TEIG

300 g gemischte Nüsse, z. B. Mandeln, Haselnüsse, Baumnüsse, fein gemahlen
250 g Puderzucker
30 g Zitronat, sehr fein gehackt
1 EL Nusslikör
2 kleine Eier, verquirlt
1 kleines Eiweiss, verquirlt

GLASUR

100 g Puderzucker
2 EL Nusslikör

ZUBEREITEN Nüsse mit 100 g Puderzucker und Zitronat portionenweise im Cutter fein mahlen. Restlichen Puderzucker und Likör beifügen, mischen. Eier und Eiweiss dazugeben. Rasch zu einem Teig zusammenfügen.

FORMEN Teig portionenweise auf Zucker 1 cm dick auswallen. In 4 × 6 cm grosse Läckerli schneiden. Auf ein mit Backpapier belegtes Blech geben, über Nacht bei Raumtemperatur trocknen lassen.

BACKEN 10–15 Min. im oberen Teil des auf 175 Grad vorgeheizten Backofens.

VERZIEREN Puderzucker und Likör verrühren. Wenn nötig, einige Tropfen Wasser beifügen. Die noch heissen Läckerli mit der Glasur bestreichen.

VARIANTEN ★

TEIG Nüsse nach Belieben mit oder ohne Schale, geröstet oder nicht. ★ Statt Nusslikör 1 EL Arrak (Seite 124), Zitronensaft oder 2 TL Kaffeelikör dazugeben.

SCHOKOLADE-NUSS-LÄCKERLI Zusätzlich 75 g geriebene Edelbitterschokolade beifügen. Eier durch 2 Eiweiss ersetzen.

GLASUR Statt Nusslikör 2 EL Arrak, Zitronensaft oder je 1 EL Kaffeelikör und Espresso verwenden.

FEIN MÜRB UND ÄUSSERST ZERBRECHLICH

Vanillekipferl

60 Stück

TEIG

250 g Mehl
80 g geschälte Mandeln, fein gemahlen
80 g Feinster Zucker
1 Prise Salz
1 ½ Vanillestängel, Samen ausgeschabt, oder
1 ½ TL Vanillepaste (Grossverteiler)
180 g kalte Butter, in Würfel geschnitten
1 Eigelb

VERZIERUNG

10 EL (125–150 g) Puderzucker
2 Päckchen Vanillinzucker

ZUBEREITEN Mehl, Mandeln, Zucker, Salz, Vanillesamen oder -paste und Butter feinkrümelig durchhacken. Eigelb dazugeben. Rasch zu einem Teig zusammenfügen. 1 Std. zugedeckt kalt stellen.

FORMEN Fingerdicke Teigrollen formen. Jeweils zu 6 cm langen, bleistiftdicken Röllchen mit auslaufenden Enden drehen, leicht biegen (Gipfeli). Auf ein mit Backpapier belegtes Blech geben, kalt stellen.

BACKEN 7–10 Min. in der Mitte des auf 190 Grad vorgeheizten Backofens. Kipferl auf dem Blech auskühlen lassen.

VERZIEREN Puderzucker mit Vanillinzucker mischen. Die noch leicht warmen Kipferl darin wenden.

Wenn die Kipferl im Puderzucker gewendet werden, bleibt zwar viel daran haften, aber sie brechen auch leichter. Darüber sieben ist sicherer – wenn der Puderzucker nur mit Gewürzen verfeinert ist, mit gemahlenen Nüssen oder Samen wird's etwas schwieriger.

Vanillekipferl

TEIG Mandeln durch gemahlene Haselnüsse oder Baumnüsse ersetzen. Falls der Teig nicht zusammenhält, zusätzlich 1 Eigelb beifügen. Statt Vanillesamen: Schale und Saft von ¼ unbehandelter Orange oder Zitrone verwenden.

VERZIEREN Aroma nach Wahl, statt Vanillinzucker: 2 EL gemahlener Zimt und 1 Prise Sternanis. 1–2 EL Lebkuchengewürz (Seite 82). 2–3 EL ungezuckertes Kakaopulver. 3 EL gemahlene Mohnsamen und 1 Päckchen Vanillinzucker. 3 EL gemahlene Sesamsamen und 1 Prise gemahlener Ingwer. Oder 3 EL gemahlene Pistazien und 1 Päckchen Vanillinzucker. ★ Gebackene Kipferl nur mit ungezuckertem Kakaopulver bestäuben oder die Spitzen in geschmolzene Edelbitterschokolade tauchen.

Zürinüss

25 Stück

TEIG
175 g Butter, weich
75 g Puderzucker
3 Eigelb
1 Prise Salz
250 g Mehl
1 Msp. Backpulver

FÜLLUNG
Aprikosenkonfitüre
wenig Zitronensaft

ZUBEREITEN Butter glatt rühren, bis sich Spitzen bilden. Puderzucker einrieseln lassen und 10 Min. kräftig rühren, bis er aufgelöst ist. Eigelb und Salz beifügen. Rühren, bis die Masse hellcremig und luftig ist. Mehl mit Backpulver mischen, dazugeben. Rasch zu einem Teig zusammenfügen. 1 Std. zugedeckt kalt stellen.

FORMEN Teig in einen Spritzbeutel mit gezackter Tülle füllen. Bogenförmig auf ein mit Backpapier belegtes Blech spritzen, kalt stellen.

BACKEN 12–15 Min. in der Mitte des auf 175 Grad vorgeheizten Backofens.

FÜLLEN Konfitüre mit Zitronensaft erwärmen. Die noch heissen Bögen auf der Unterseite damit bestreichen, je 2 zusammensetzen.

Kokosguetsli

50 Stück

TEIG

150 g Süssrahmbutter, weich
175 g Zucker
1 Prise Salz
2 kleine Eier, verquirlt
125 g Kartoffelstärke (Reformhaus)
125 g Mehl
200 g geriebene Kokosnuss

Kokoschips zum Verzieren (Reformhaus)

ZUBEREITEN Butter glatt rühren, bis sich Spitzen bilden. Zucker einrieseln lassen und 10 Min. kräftig rühren, bis er aufgelöst ist. Salz und Eier beifügen. Rühren, bis die Masse hellcremig und luftig ist. Kartoffelstärke, Mehl und Kokosnuss mischen, dazugeben. Rasch zu einem Teig zusammenfügen. 2 Std. zugedeckt kalt stellen.

FORMEN Teig portionenweise zwischen Backpapier 3 mm dick auswallen, kalt stellen. Verschiedene Motive ausstechen. Auf ein mit Backpapier belegtes Blech geben, kalt stellen. Guetsli mit Kokoschips verzieren.

BACKEN 10–15 Min. in der Mitte des auf 190 Grad vorgeheizten Backofens.

VARIANTEN ★

TEIG Nach Belieben einige Tropfen Kokoslikör oder Arrak (Seite 124) beifügen. ★ Geriebener Teig: Kalte Butter mit allen Trockenzutaten feinkrümelig durchhacken. Eier dazugeben. Rasch zu einem Teig zusammenfügen. ★ Für sehr feine Guetsli: Kokosnuss mit einem Teil des Zuckers im Cutter puderfein mahlen. Vor allem auch dann, wenn die geriebene Kokosnuss schon etwas älter (und trockener) ist.

EIN LUXUS-MAKRÖNLI

Mandelkugeln

50–60 Stück

TEIG

250 g Mandelblättchen
250 g Zucker
150 g Edelbitterschokolade, gerieben
60 g Mehl oder feiner Weizengriess, z. B. Dunst, Teigwarenmehl, Paidol
1 TL gemahlener Zimt
4 Eiweiss

Kristall- oder Zimtzucker zum Wenden

ZUBEREITEN Mandelblättchen auf einem mit Backpapier belegten Blech ausstreuen. 75 g Zucker darüberstreuen. In der Mitte des auf 200 Grad vorgeheizten Backofens unter mehrmaligem Wenden golden rösten. In eine Schüssel geben, Schokolade, Mehl oder Griess und Zimt beifügen, auskühlen lassen. Eiweiss mit Salz steif schlagen. Restlichen Zucker einrieseln lassen, weiterschlagen, bis die Masse glänzt und feste Spitzen bildet. Knapp 100 g Eischnee für die Glasur zugedeckt beiseite stellen. Restlichen Eischnee unter die Mandelmasse heben. Rasch zu einem Teig zusammenfügen. Bei Raumtemperatur stehen lassen, bis die Masse formbar wird.

FORMEN Baumnussgrosse Teigkugeln formen. In Zucker wenden. Auf ein mit Backpapier belegtes Blech setzen.

VERZIEREN Je 1 Tropfen Eischnee auf die Kugeln geben. 2 Stunden bei Raumtemperatur antrocknen lassen.

BACKEN 20 Min. in der Mitte des auf 150 Grad vorgeheizten Backofens.

Eischnee in ein Spritztütchen füllen (Seite 109), eine kleine Öffnung wegschneiden und den «Glasurtupfer» auf die Kugeln setzen.

VERZIEREN

EIGELB mit etwas Milch verdünnen und mit 1 Prise Zucker abschmecken oder ganzes verquirltes Ei mehrmals auftragen, damit die Oberfläche intensiv glänzt. Mit einem Pinsel bis exakt an den Rand (nichts drüber oder runterlaufen lassen) verteilen. Damit weniger Eigelb am Pinsel hängen bleibt, Pinsel immer wieder in kaltes Wasser tauchen.

GLASUREN ODER GELEEFÜLLUNGEN in eine Ecke des Spritzbeutels geben, mit einem Dreh oder einem Knoten verschliessen. Dann eine kleine Spitze wegschneiden und den Inhalt mit leichtem Druck als Verzierung oder Füllung aufs Guetsli spritzen.

SPRITZTÜTCHEN AUS BACKPAPIER Ein gleichschenkliges Dreieck – zwei Seiten gleich lang, die Basis länger – ausschneiden. Die Mitte der Basisseite wird die Spitze der Tüte: Die beiden gegenüber liegenden Ecken übereinander zur dritten Ecke drehen/legen. Zum Fixieren zweimal runterfalten und mit einem Bostitch befestigen. Tütchen in ein Glas stellen, Glasur knapp ¾ hoch einfüllen und durch mehrmaliges Falten die Öffnung verschliessen. Die Spitze des Tütchens wegschneiden und durch leichten Druck Verzierungen auf die Guetsli spritzen.

LANGE GESCHLAGEN, OFFEN GETROCKNET,
SO GIBT'S DIE TYPISCHEN «FÜESSLI»

Anischräbeli

40 Stück

TEIG

- 1–2 EL (12 g) Anissamen
- 2 grosse Eier
- 1 EL warmes Wasser
- 250 g Puderzucker
- 1 Prise Salz
- ½ unbehandelte Zitrone, Schale fein abgerieben
- 250–275 g Mehl
- ¼ TL Backpulver oder 1 Prise Triebsalz (Seite 82)

- Butter und Anissamen fürs Blech

ZUBEREITEN Anissamen unter Wenden rösten, bis sich das typische Aroma entwickelt. In einem Küchentuch leicht verreiben, um die Härchen zu entfernen. Eier, Wasser und Puderzucker 10 Min. zu einer hellen, schaumigen Creme aufschlagen. Anis, Salz und Zitronenschale beifügen. Mehl mit Backpulver oder Triebsalz mischen, nach und nach dazusieben, mischen. Zu einem Teig zusammenfügen. 1 Std. zugedeckt kalt stellen. Blech dünn bebuttern, mit Anissamen bestreuen.

FORMEN Portionenweise zu Teigrollen von 10–15 mm Ø formen. In 5–6 cm lange Stücke schneiden. Leicht schräg 2–3-mal einschneiden, etwas biegen. Chräbeli aufs Blech geben, über Nacht unbedeckt trocknen lassen.

BACKEN 20–25 Min. in der unteren Hälfte des auf 140 Grad vorgeheizten Backofens.

VARIANTEN ★

Anischräbeli

TEIG Statt Wasser 1 EL Zitronensaft, Cognac oder Kirsch beifügen. Zitronenschale durch einige Tropfen Bittermandelaroma oder 5 g gemahlene Bittermandeln ersetzen. Backpulver bzw. Triebsalz weglassen, dafür die Eiermasse 20–30 Min. schlagen. ★ «Schwäbische oder Freiburger Springerle»: 2 Eiweiss mit 1 Prise Salz steif schlagen. 250 g Zucker einrieseln lassen und weiterschlagen, bis die Masse sehr steif ist. 2 EL geröstete Anissamen, 1 ½ EL Zitronensaft und 200–250 g Mehl beifügen. Brötli/Springerli formen.

FORMEN Brötli/Springerli: Teig auf Puderzucker 1 cm dick auswallen. Teigoberfläche und Model mit Mehl bestäuben, Model gleichmässig auf den Teig drücken. Brötli/Springerli ausschneiden, überschüssiges Mehl wegpinseln. Trocknen und backen nach Rezept (Seite 110). ★ Anisringli: Teig nur mit 200 g Mehl zubereiten. In einen Spritzbeutel mit gezackter Tülle geben, Ringli von 4–5 cm Ø aufs bebutterte Blech spritzen. Trocknen und backen nach Rezept (Seite 110). ★ «Brugger Taler»: Teig nur mit 200 g Mehl zubereiten. In einen Spritzbeutel mit glatter Tülle geben, tropfenförmig aufs bebutterte Blech spritzen. Trocknen und backen nach Rezept (Seite 110).

SPRINGERLE

Der Ausdruck stammt aus dem Fränkischen. Im Elsass nennt man dieses typisch ausgestochene Gebäck «Schwowebrötle». Die Springerle werden bis zu 5 Wochen vor dem (Weihnachts-)Fest zubereitet, geformt und gebacken – weil sie am besten schmecken, wenn sie zuvor längere Zeit in einer Blechdose aufbewahrt wurden.

WIE EIN BONBON, ZUM LUTSCHEN

Anisguetsli

20 Stück

TEIG

2 Eier
100 g Puderzucker
1 TL Anissamen, geröstet (Seite 110)
1 Prise Salz
wenig fein abgeriebene Zitronenschale
einige Tropfen Zitronensaft oder Anislikör
100–150 g Mehl
1 Prise Backpulver

Butter fürs Blech
Anissamen zum Bestreuen
Puderzucker zum Bestäuben

ZUBEREITEN Eier und Puderzucker 10 Min. zu einer hellen, schaumigen Creme aufschlagen. Anis, Salz, Zitronenschale und -saft oder Likör beifügen. Mehl mit Backpulver mischen, nach und nach dazusieben, mischen. Zu einem Teig zusammenfügen. 1 Std. zugedeckt kalt stellen. Blech dünn bebuttern, mit Anissamen bestreuen.

FORMEN Mit zwei Teelöffeln kleine Teighäufchen aufs Blech setzen. Mit Anissamen bestreuen. Einige Stunden bei Raumtemperatur stehen lassen.

BACKEN 10–12 Min. in der Mitte des auf 210 Grad vorgeheizten Backofens. Die noch warmen Guetsli mit Puderzucker bestäuben.

Albertli oder Albertbiskuits

50 Stück

TEIG

50 g Butter, weich
1 ½ dl Rahm
125 g Zucker
1 Prise Salz
½ Päckchen Vanillinzucker
150 g Mehl
15 0g feiner Weizengriess, z. B. Dunst, Teigwarenmehl, Paidol, oder Kartoffelstärke
¼ TL Backpulver

FÜLLUNG

100 g Edelbitterschokolade, zerkleinert
½ TL sofortlösliches Kaffeepulver
100 g Butter, weich
50 g Puderzucker

ZUBEREITEN Butter mit Rahm, Zucker, Salz und Vanillinzucker schaumig rühren. Mehl, Griess oder Kartoffelstärke und Backpulver mischen, dazugeben. Rasch zu einem Teig zusammenfügen. 1 Std. zugedeckt kalt stellen.

FORMEN Teig zwischen Backpapier 3–4 mm dick auswallen, kalt stellen. Mit einer bemehlten Käsereibe oder Gabel Muster eindrücken. Kreise von 5 cm Ø ausstechen. Auf ein mit Backpapier belegtes Blech geben.

BACKEN 8–10 Min. in der Mitte des auf 200 Grad vorgeheizten Backofens, die Biskuits müssen weiss bleiben. Auskühlen lassen.

FÜLLEN Schokolade mit Kaffeepulver im warmen Wasserbad schmelzen, auskühlen lassen. Butter mit Puderzucker glatt rühren, Schokolade beifügen. Creme streichfest werden lassen. Guetsli auf der flachen Seite dünn mit Creme bestreichen, je 2 zusammensetzen.

Ungefüllt sind die Biskuits länger haltbar.

VARIANTEN ★

TEIG Mit Eiern: Statt Rahm 100 g Butter und 2 grosse Eier verwenden. Nach Bedarf je 175 g Mehl und Weizengriess oder Kartoffelstärke beifügen. Oder 250 g Mehl und nur 100–125 g Weizengriess/Kartoffelstärke. ★ Vanillinzucker durch 1–2 TL Zitronensaft ersetzen.

DIE MÜRBEN BLÄTTCHEN, IN FEINEM ORANGETON

Orangengebäck

40 Stück

TEIG

1 unbehandelte Orange
125 g Butter, weich
80 g Zucker
2 Eigelb
1 Prise Salz
1 EL Orangensaft
250 g Mehl
1/4 TL Backpulver

GLASUR

100 g Puderzucker
3–4 EL frisch gepresster Orangensaft
1 kandierte Orangenscheibe, in schmale Streifen geschnitten

ZUBEREITEN Orangenschale mit dem Sparschäler dünn, möglichst ohne weisse Haut abziehen, sehr fein hacken. Butter glatt rühren, bis sich Spitzen bilden. Zucker einrieseln lassen und 10 Min. kräftig rühren, bis er aufgelöst ist. Eigelb, Salz und Orangensaft beifügen. Rühren, bis die Masse hellcremig und luftig ist. Mehl mit Backpulver mischen, dazugeben. Rasch zu einem Teig zusammenfügen. 1 Std. zugedeckt kalt stellen.

FORMEN Teig portionenweise zwischen Backpapier 5 mm dick auswallen, kalt stellen. Mit einer bemehlten Gabel oder einem Messerrücken Rillen eindrücken. Ovale oder runde Guetsli ausstechen oder Rhomben ausschneiden. Auf ein mit Backpapier belegtes Blech geben, kalt stellen.

BACKEN 10–15 Min. in der Mitte des auf 175 Grad vorgeheizten Backofens.

VERZIEREN Puderzucker und Orangensaft glatt rühren. Die noch warmen Guetsli mit der Glasur bestreichen. Mit Orangenstreifen verzieren.

VARIANTEN ★

TEIG Statt Orangenschale 50 g sehr fein gehacktes Orangeat verwenden. ★ Orangensaft durch Zitronen- oder Mandarinensaft ersetzen.

FORMEN Teig nur 2–3 mm dick auswallen. Die Hälfte der gebackenen Guetsli glasieren, die anderen mit erwärmter Orangen- oder Aprikosenkonfitüre bestreichen, zusammensetzen.

Fricktaler

25 Stück

TEIG

250 g Baumnüsse, grob gehackt
300 g Puderzucker
1 kleines Eiweiss
1 kleines Ei
1–2 EL Nusslikör oder Arrak (Seite 124)

GLASUR

1–2 EL Nusslikör oder Arrak
Eischnee

ZUBEREITEN Baumnüsse mit 250 g Puderzucker portionenweise durch die Mandelmühle drehen oder im Cutter fein mahlen. Eiweiss steif schlagen. Restlichen Puderzucker einrieseln lassen, weiterschlagen, bis die Masse glänzt und feste Spitzen bildet. 2–3 EL Eischnee, Ei und Likör zur Nussmischung geben. Rasch zu einem Teig zusammenfügen. Restlichen Eischnee für die Glasur zugedeckt beiseite stellen.

FORMEN Teig zwischen Backpapier oder auf Puderzucker 1 cm dick auswallen. Kreise oder Herzchen von 3 cm Ø ausstechen. Auf Backpapier legen.

VERZIEREN Likör unter den Eischnee rühren. Guetsli mit der Glasur bestreichen. Über Nacht bei Raumtemperatur antrocknen lassen.

BACKEN 15 Min. in der Mitte des auf 175 Grad vorgeheizten Backofens.

EIN MÜRBETEIGGUETSLI, DAS FEIN NACH LEBKUCHENGEWÜRZ RIECHT

Mandelspekulatius

30 Stück

TEIG

125 g Butter, weich
100–125 g Zucker oder gemahlener Rohrzucker
1 Prise Salz
½ unbehandelte Zitrone, Schale fein abgerieben
½ TL gemahlener Zimt
je 1 Msp. gemahlene/r Gewürznelken, Kardamom, Macis (Muskatblüte)
1 Ei
75–100 g gemahlene Mandeln (mit/ohne Schale)
250 g Mehl
1 TL Backpulver

Mandelblättchen fürs Blech

ZUBEREITEN Butter glatt rühren, bis sich Spitzen bilden. Zucker einrieseln lassen und 10 Min. kräftig rühren, bis er aufgelöst ist. Salz, Zitronenschale, Gewürze und Ei beifügen. Rühren, bis die Masse hellcremig und luftig ist. Mandeln, Mehl und Backpulver mischen, dazugeben. Rasch zu einem Teig zusammenfügen. 2 Std. zugedeckt kalt stellen. Mandelblättchen auf ein mit Backpapier belegtes Blech streuen.

FORMEN Teig portionenweise zwischen Backpapier 2–3 mm dick auswallen, kalt stellen. Motive ausstechen. Aufs Blech geben.

BACKEN 10–12 Min. in der Mitte des auf 190–200 Grad vorgeheizten Backofens. Guetsli auf dem Blech auskühlen lassen.

Zitronenschale nach Belieben durch 2 TL Vanillinzucker ersetzen. Zusätzlich 1 EL ungezuckertes Kakaopulver unter den Teig mischen.

FEINES, UNSCHEINBARES GUETSLI

Arrak-Guetsli

50 Stück

TEIG

- 125 g Butter, weich
- 60 g Zucker
- 2 Eigelb
- 1 Prise Salz
- 1 EL Arrak
- 250 g Mehl

VERZIERUNG

- 25 g Mandelblättchen
- 30 g Hagelzucker
- 1 Eigelb

ZUBEREITEN Butter glatt rühren, bis sich Spitzen bilden. Zucker einrieseln lassen und 10 Min. kräftig rühren, bis er aufgelöst ist. Eigelb, Salz und Arrak beifügen. Rühren, bis die Masse hellcremig und luftig ist. Mehl dazugeben. Rasch zu einem Teig zusammenfügen. 1 Std. zugedeckt kalt stellen.

FORMEN Teig zwischen Backpapier 5 mm dick auswallen. Mit dem Teigrädchen Rhomben ausschneiden oder Sterne ausstechen. Auf ein mit Backpapier belegtes Blech geben.

VERZIEREN Mandelblättchen und Hagelzucker im Mörser grob zerstossen. Guetsli zuerst mit Eigelb, dann mit dem Mandelgemisch bestreichen.

BACKEN 8–10 Min. in der Mitte des auf 200 Grad vorgeheizten Backofens.

ARRAK

Arrak ist ein aus Palmblättern und Reis hergestellter Likör. Die Herkunft ist unterschiedlich, meistens stammt er aus dem asiatischen Raum. Der bekanntere gleichen Namens ist ein Likör mit Anisgeschmack aus dem Orient, ähnlich dem Pastis oder Pernod der Franzosen. Asiatisch oder orientalisch – beide können verwendet werden.

BITTERORANGEN HEISSEN POMERANZEN
UND IHRE SCHALE IST AUCH KANDIERT ERHÄLTLICH.
ALLERDINGS SEHR SELTEN. SCHADE

Pomeranzenbrötchen

30 Stück

TEIG
2 Eier
150 g Zucker
1 Prise Salz
1 unbehandelte Zitrone, Schale fein abgerieben
wenig Zitronensaft
75 g Orangeat, sehr fein gehackt
200 g Mehl

VERZIERUNG
Orangeat, in feine Streifen geschnitten

ZUBEREITEN Eier und Zucker 10 Min. zu einer hellen, schaumigen Creme aufschlagen. Salz, Zitronenschale und -saft beifügen. Orangeat und Mehl nach und nach dazugeben, mischen. Zu einem Teig zusammenfügen. 1 Std. zugedeckt kalt stellen.

FORMEN Eine Teigrolle formen, leicht flach drücken. In 2–3 mm dicke Scheiben schneiden, zu ovalen Brötchen formen. Mit einem bemehlten Messerrücken 1–2-mal leicht einkerben. In jede Kerbe 1 Orangeatstreifchen legen.

BACKEN 10–12 Min. in der Mitte des auf 200 Grad vorgeheizten Backofens.

Brötchen vor dem Backen nach Belieben mit Zitronen- oder Orangensaft bestreichen.

VERPACKEN UND VERSCHENKEN

WEISSBLECHDOSEN gibt's in allen Grössen und Formen. Mit farbigem Seidenpapier, Praliné- oder Muffinförmchen oder breiten Bändern auskleiden. Guetsli lagenweise, evtl. mit Backpapier oder Klarsichtfolie dazwischen, hineingeben. Leicht zerbrechliche Guetsli zuoberst legen. Und Guetsli mit intensivem Aroma nicht mit feinen Butterguetsli mischen.

VORRATSDOSEN aus Glas oder Chromstahl sind ein zusätzliches Geschenk. Sie können anschliessend für andere Dinge genutzt werden.

SUSHI- ODER REISDOSEN aus glattem Kunststoff haben die ideale Grösse, um kleine Guetsli einzufüllen.

KARTON- ODER SPANSCHACHTELN mit Klarsichtfolie oder Cellophan auskleiden, damit sich der Karton nicht mit Fett vollsaugt.

BEUTEL aus Cellophan sind in verschiedenen Grössen erhältlich. Vorteil: Das Material ist geschmacksneutral und fast luftdicht. Mit feinen Fäden oder Bändern verschliessen. Papiersäckchen können einfach selber gemacht werden: Ein etwas festeres, beschichtetes Papier (fettabstossend) verwenden und in beliebiger Grösse formen.

SERVIETTEN Guetsli zuerst in Folie verpacken, dann in eine Papier- oder Stoffserviette wickeln. Mit Bändern oder Fäden verschliessen.

DIVERSE VERPACKUNGEN wie Backformen, Essstäbchenschachteln, Patisserieförmchen aus Papier, Karton- oder Recyclingteller usw. eignen sich auch zum Verpacken und Verschenken von Guetsli.

FERTIGTEIGE

Guetslibacken braucht Zeit, vor allem, wenn man vom Teig bis zum Backen alles selber machen will. Weihnachtsguetsliteige gibt es in grosser Auswahl und in guter Qualität auch fertig zu kaufen, zudem kann man mit einer Teigart unterschiedliche Guetsli formen und backen. Denn es macht einen Unterschied, ob man ein Mailänder-Fensterchen oder eine Kokos-Rondelle knuspert.

Zimtsterneteig: Brügeli

40 Stück

TEIG

1 Zimtsterneteig (500 g)

VERZIERUNG

2 EL Rohr- oder Muscovado-Zucker
2 TL Mehl
1 Bio-Orange, Schale abgerieben

VORBEREITEN Teig in vier Portionen teilen, kalt stellen. Zucker mit Mehl und Orangenschale mischen.

FORMEN Teigportionen zu 50 cm langen, gut fingerdicken Rollen formen. In 6 cm lange Stücke schneiden. Im Zuckergemisch wenden. Nebeneinander auf ein mit Backpapier belegtes Blech geben. Über Nacht bei kühler Raumtemperatur antrocknen lassen.

BACKEN 4–5 Min. in der Mitte des auf 220 Grad vorgeheizten Backofens. Brügeli leicht auskühlen lassen. Mit Puderzucker bestäuben.

Zimtsterneteig: Zimtschäumchen

40 Stück

TEIG

1 Zimtsterneteig (500 g)

VERZIERUNG

2 EL Johannisbeergelée, glatt gerührt
1 Eiweiss
1 Prise Salz
100 g Puderzucker
1 TL gemahlener Zimt
50 g Mandelblättchen

VORBEREITEN Teig zwischen Backpapier 4 mm dick, rechteckig auswallen. Aufs Blech geben, kalt stellen.

VERZIEREN Teig mit Gelée bestreichen. Eiweiss mit Salz steif schlagen. 75 g Puderzucker dazusieben, weiterschlagen, bis der Eischnee glänzt und feste Spitzen bildet. Restlichen Puderzucker und Zimt sorgfältig darunterheben. Auf dem Teig verteilen, mit Mandelblättchen bestreuen.

BACKEN 25–30 Min. in der Mitte des auf 160 Grad vorgeheizten Backofens. Herausnehmen.

FORMEN Zimtschäumchen noch heiss in Rhomben schneiden.

Lebkuchenteig: Schneesterne

40 Stück

TEIG

1 Lebkuchenteig (500 g)

VERZIERUNG

Milch oder Kaffeerahm
200 g Puderzucker
1 kleines frisches Eiweiss oder 1 EL Eiweisspulver (Grossverteiler)
einige Tropfen Glycerin
1–2 EL Zitronensaft
Glitter

VORBEREITEN Teig portionenweise zwischen Backpapier 4 mm dick auswallen, kalt stellen.

FORMEN Verschiedene Grössen Schneesterne ausstechen. Auf ein mit Backpapier belegtes Blech geben, kalt stellen.

BACKEN 8–10 Min. in der Mitte des auf 190 Grad vorgeheizten Backofens. Noch heiss mit Milch oder Kaffeerahm bestreichen, auskühlen lassen.

VERZIEREN Puderzucker mit Eiweiss oder Eiweisspulver, Glycerin und Zitronensaft glatt rühren. Nach Bedarf einige Tropfen Wasser beifügen, bis die Glasur dickflüssig, aber spritzfähig ist. In ein Spritztütchen füllen und Sterne mit Linien und Punkten, wie ein Schneestern, verzieren. Mit Glitter bestreuen, trocknen lassen.

Lebkuchenteig: Knusperlebkuchen

50 Stück

TEIG

1 Lebkuchenteig (500 g)

VERZIERUNG

50 g Akazienhonig
50 g Rohrzucker
50 g Butter
50 g helle Sesamsamen
2 EL (ca. 15 g) Halbweissmehl

VORBEREITEN Teig zwischen Backpapier 4 mm dick, rechteckig auswallen. Aufs Blech geben, kalt stellen.

VERZIEREN Honig, Zucker und Butter unter Rühren langsam erwärmen. Sesamsamen beifügen, kurz erhitzen. Von der Herdplatte ziehen. Mehl dazusieben und darunterrühren. Auskühlen lassen. Honigmasse auf dem Teig verteilen.

BACKEN 12–15 Min. in der Mitte des auf 200 Grad vorgeheizten Backofens. Herausnehmen.

FORMEN Knusperlebkuchen noch heiss in Stängel oder Rhomben schneiden.

VARIANTEN ★

TEIG Lebkuchen durch Mailänderliteig ersetzen.

Choc-Herzliteig: Choc-Stengel

40 Stück

TEIG

1 Choc-Herzliteig (500 g)

VERZIERUNG

1 verquirltes Eiweiss

1 Beutel Schokoladeglasur

Schokoladestreusel und/oder farbige Zuckerperlen

VORBEREITEN Teig zwischen Backpapier 5–7 mm dick zu einem 12 cm breiten Rechteck auswallen. Aufs Blech geben, mit Eiweiss bestreichen.

BACKEN 10–12 Min. in der Mitte des auf 200 Grad vorgeheizten Backofens. Herausnehmen.

FORMEN Choc-Stengel noch heiss in Stengel schneiden.

VERZIEREN Kuchenglasur nach Anweisung auf der Packung flüssig werden lassen. Choc-Stengel mit Glasur bestreichen oder nur zur Hälfte eintauchen. Streusel und/oder Zuckerperlen auf die noch feuchte Glasur streuen. Trocknen lassen.

VARIANTEN ★

TEIG Choc-Herzli- durch Stracciatellateig ersetzen.

Spitzbubenteig: Kokos-Rondellen

40 Stück

TEIG

1 Spitzbubenteig (500 g)

VERZIERUNG

4 EL geriebene Kokosnuss

3 EL Hagelzucker

1 verquirltes Eiweiss

VORBEREITEN Teig portionenweise zu einer Rolle von 4 cm ø formen.

VERZIEREN Kokosnuss und Hagelzucker mischen. Teigrolle mit Eiweiss bestreichen, in der Nuss-Mischung wenden, gut andrücken. Satt in Folie wickeln, 1 Std. kalt stellen.

FORMEN Teigrolle mit einem scharfen Messer in 4–5 mm dicke Scheiben schneiden.

BACKEN 10–12 Min. in der Mitte des auf 200 Grad vorgeheizten Backofens.

VARIANTEN ★

VERZIERUNG Kokosnuss durch zerkleinerte Mandelscheiben ersetzen.

Anisbrötliteig: Anis-Stängeli

40 Stück

TEIG

1 Anisbrötliteig (500 g)

VERZIERUNG

150 g Puderzucker
1 EL Kirsch
1–2 EL Wasser
25 g geröstete Mandelblättchen
Puderzucker

VORBEREITEN Teig zwischen Backpapier 7 mm dick, rechteckig auswallen. Aufs Blech geben, kalt stellen.

BACKEN 12–15 Min. in der Mitte des auf 200 Grad vorgeheizten Backofens. Herausnehmen.

FORMEN Noch warm in 1 cm breite und 5–7 cm lange Stengeli schneiden.

VERZIEREN Puderzucker, Kirsch und Wasser glatt rühren. Stengel damit bestreichen, mit Mandelblättchen bestreuen. Wenig Puderzucker darüberstäuben.

Mailänderliteig: Mailänder-Fensterchen

40 Stück

TEIG

1 Mailänderliteig (500 g)

VERZIERUNG

Puderzucker
2 Päckchen Isomalt à 250 g (Grossverteiler)
Lebensmittelfarbe, flüssig oder Pulver

VORBEREITEN Teig portionenweise zwischen Backpapier 5–7 mm dick auswallen, kalt stellen.

FORMEN Mit dem Linzer-(Spitzbuben-)Ausstecher (1–3 Löcher in der Mitte) Guetsli ausstechen. Auf ein mit Backpapier belegtes Blech geben, kalt stellen.

BACKEN 10–12 Min. in der Mitte des auf 180 Grad vorgeheizten Backofens. Mailänderli auf dem Blech erkalten lassen, mit Puderzucker überstäuben.

VERZIEREN Pro Guetsli 8–10 EL Isomalt mit Lebensmittelfarbe bei milder Hitze schmelzen, bis sich Blasen formen. Von der Herdplatte ziehen, Blasen mit einem Holzstäbchen aufstechen. Flüssiges Isomalt in die Löcher der Guetsli giessen, fest werden lassen, dann die Guetsli vom Papier lösen.

INDEX